關於
next

這個系列，希望提醒兩點：

1. 當我們埋首一角，汲汲於清理過去的包袱之際，
   不要忽略世界正在如何變形，如何遠離我們而去。
2. 當我們自行其是，卻慌亂於前所未見的難題和變動
   之際，不要忘記別人已經發展出的規則與答案。

我們希望這個系列有助於面對未來。
我們也希望這個系列有助於整理過去。

專注的力量
FOCUS
The Hidden Driver of Excellence

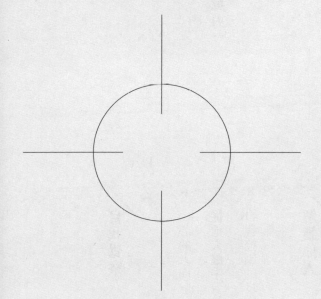

不再分心的自我鍛鍊，讓你掌握 AI 世代的卓越關鍵

丹尼爾·高曼 著　周曉琪 譯
DANIEL GOLEMAN

目次 CONTENTS

Part

1

剖析「注意力」

1 微妙的稟賦 009

2 基本知識 024

3 注意力的頂層與底層 039

4 心思飄移的價值 060

5 找尋平衡 071

Part

2

自我覺察

6 內心的方向舵 088

7 從他人眼中看見自己 098

8 自我控制的良方 110

Part

3

解讀他人

9 知道太多的女人 132

10 同理心三位一體 138

11 社交敏感度 163

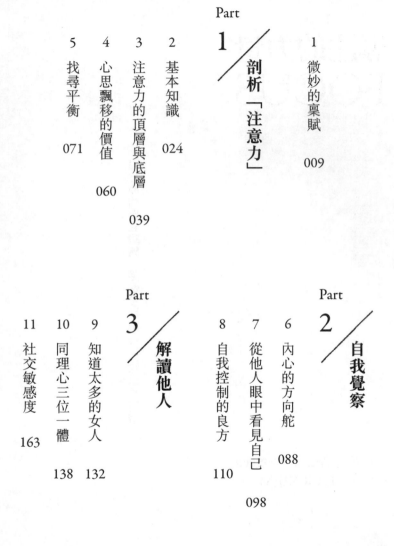

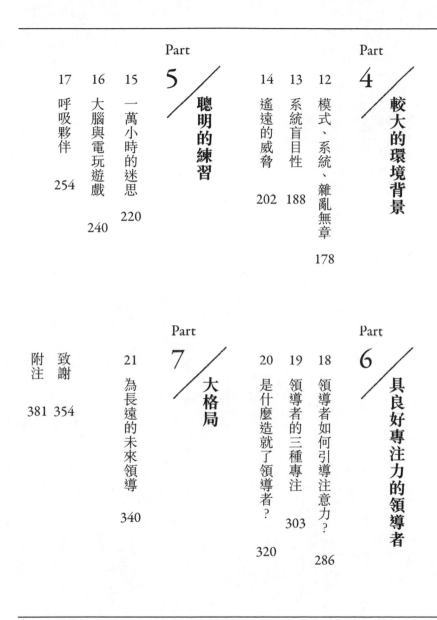

Part

4 / 較大的環境背景

12 模式、系統、雜亂無章 178

13 系統盲目性 188

14 遙遠的威脅 202

Part

5 / 聰明的練習

15 一萬小時的迷思 220

16 大腦與電玩遊戲 240

17 呼吸夥伴 254

Part

6 / 具良好專注力的領導者

18 領導者如何引導注意力？ 286

19 領導者的三種專注 303

20 是什麼造就了領導者？ 320

Part

7 / 大格局

21 為長遠的未來領導 340

致謝 354

附注 381

Chapter

1

微妙的稟賦

柏格（John Berger）是曼哈頓上東區某家百貨公司一樓的便衣警衛。柏格監視購物人群的行為，正是「注意力」（attention）的鮮活寫照。他身著不起眼的黑色西裝、白襯衫與紅領帶，手持對講機。柏格從不停下腳步，他的專注力永遠落在熙熙攘攘的購物者身上。

你也可以說，他是這個賣場的眼睛。

那簡直是不可能的任務。因為在任何一個時間點，一樓的賣場都有五十位以上的購物者，他們流連在各個珠寶與名牌服飾專櫃之間，看看范倫鐵諾（Valentino）的圍巾、掂掂普拉達（Prada）的皮包。他們瀏覽商品的同時，柏格也在瀏覽他們。

柏格在購物人群中來回穿梭，有如布朗運動（Brownian motion）＊一般看似毫無章法地移動。幾秒鐘前，他還站在皮包專櫃後方緊盯著一名可疑人士；轉眼間，他已經移到門口的有利位置，以便仔細觀察那令他起疑的三人組。顧客的眼中只有商品，渾然不覺此時此刻，柏格銳利而警覺的眼神沒放過他們任何一人。

印度有句諺語：「當扒手遇見聖人時，扒手眼中還是只有口袋。」而在熙攘人潮中，柏格眼中看見的只有扒手，他的目光就像一只探照燈般來回掃射。你可以想像他的五官變形幻化為一個巨大的眼球，彷彿希臘神話中的獨眼巨人。柏格就是專注力的化身。

他的眼睛在掃描什麼？「他們目光移動的方式或身體的動作。」柏格說，這些會洩露出他們偷竊的意圖。例如好幾個人聚在一處，或一個人獨自鬼鬼祟祟地四處張望。「我在這行幹太久了，那些訊號一看就知道。」

當柏格專注於五十位購物者中的某一人身上時，他能夠設法忽視其他四十九人，以及其他任何事物──在令人分心的花花世界中，心無旁騖是一種高超的本領。

這種縱觀全局的覺察，與等待罕見訊號出現的持續警惕狀態，二者的交替運作需要許多不同類型的「注意力」──持續的注意力（sustained attention）、警覺性、目標定向，

以及同時掌握以上各項的能力——每一種都是不可或缺的心智工具，皆以迥然不同的大腦

迴路為基礎。1

　　柏格能夠持續地搜尋罕見的狀況，這也是專注力的各層面中，最早開始科學研究的項

目。二次大戰期間，由於軍方需要雷達觀測人員長時間維持高度警覺性，因此催生了一項

加強維持警覺性的研究分析。這項研究發現，因為注意力延滯的緣故，人員在值班時段的

尾聲會錯過較多訊號。

　　在冷戰達到高峰時，我曾拜訪一位受五角大廈委任的研究員，他的任務是研究在剝奪

睡眠連續三到五天（這是他們估計若第三次世界大戰爆發，軍官在碉堡深處必須保持清醒

的時間）之後，人們警覺性程度的變化情形。所幸他的實驗從未有機會應用在現實中，但

這項研究仍有振奮人心的發現——只要動機夠強，人們即使缺乏睡眠三天以上，還是能保

持敏銳的注意力（反之，如果他們漠不關心，就會立刻昏昏欲睡）。

＊

　譯注：物理學中有關物體隨機移動的學說。

直到近幾年，研究「注意力」的科學開始百家爭鳴，其範圍已遠遠超出對警覺性的研究。這門科學告訴我們，注意力的技巧高低足以決定我們從事任何工作的優劣。如果注意力受阻，我們的表現就會十分差勁；但若充分發揮，則能出類拔萃。人類的敏捷機智所仰賴的，就是這項微妙的稟賦。雖然注意力與卓越表現之間的關聯，歷年來鮮為人知，其影響卻擴及幾乎每一件我們想完成的事情。

有多到數不清的心智活動都和這項靈活的工具密不可分，其中幾個基本項目，包括理解、記憶、學習、感知我們如何與為何有某種感覺、察覺他人的情緒，並圓融地與他人互動。揭示這項肉眼看不見的有效性因素，能讓我們更清楚看到增進此種微妙稟賦的效益，同時也更了解該如何著手。

我們往往會透過心中幻想出來的畫面，清楚地意識到注意力的最終產品──我們的主意是好是壞、一個意味深長的眨眼或邀請式的笑容、晨間咖啡散發的香氣。然而，我們卻沒有注意到「覺察」本身發出的光芒。

注意力（無論哪一種形式）是鮮為人知且不受重視的心智資產，但對於我們如何掌控人生的方向卻至關重大。在此，我的目標是讓人們注意到這種難以捉摸、未獲賞識的心智

超強記憶學習法

用遺忘、複習的學習周期，加速理解與維持記憶

Super Learning

Advanced Strategies for Quicker Comprehension,
Greater Retention, and Systematic Expertise

彼得‧霍林斯（Peter Hollins） 著

林幼嵐 譯

推薦序

學習的極意

文：林長揚（簡報教練／暢銷作家）

你對學習的定義是什麼呢？

對我來說，學習是很廣義的。除了一般的上課進修與閱讀書籍之外，生活中體驗各種事物、與人交流都算是學習的一種，只要能讓自己成長的事，我都認為是學習。因此在平時我不會使用什麼特別的學習方法，只求自己能在當下全心全意的體驗。

但如果我是要學習特定技能或是特定領域的知識，那就不一樣了。

因為這種學習通常是有個目標要達成，像是工作需求、培養第二專長等，所以我必須要顧及效率、成效、以及是否能應用，換句話說，就是要追求「學得會、記得住、用得到」，而這時該怎麼做呢？

以下是我自己長久以來一直在用的學習三步驟，一起來看看：

1. 大量閱讀並寫下自己的通則

每當我想學習某個技能或知識時，我會先去買二、三十本該領域的暢銷書與經典書回來，接著開始大量閱讀並寫下每本書的重點筆記。

這裡要注意的是「寫重點筆記」並不是把書中的重點文字完整抄下來，因為即使你抄得再多再完整，那都是作者的東西，對學習本身的幫助很少，頂多是滿足「自己很認真」的假象而已。

寫筆記時可以先把重點消化並統整，再用自己的話寫下來，邊寫也可以邊思考這個知識點有沒有跟什麼你已經會的東西相似，有的話也可以一起寫下來。

通常在寫到五、六本書時，你就會發現重點開始有類似或重複，閱讀的速度也會變快；等到手上的書都讀完並寫完重點，你通常能從筆記中抓出這個技能或知識的通則，接著就可以進行下一步。

2. 實際應用並體驗問題

找出通則後請別停下腳步，如果不實際試試看的話，很有可能落入「自以為懂了」的陷阱，等到真的要用時很容易會出包，因此請大膽嘗試吧！例如學了投影片技巧，就做幾張看看；學了

聊天方法，不如就去參加聚會找個人聊聊，實際應用就是進步的良藥。

而嘗試的過程中難免會遇到問題、或是發現成果不如預期，這都是正常的。別忘了把各種障礙記錄下來，找出解法後再嘗試看看，就是幫助你成長的好機會。

3. 找個熟人講給他聽

最後請你找個會跟你說真話的人，把學到的內容講給他聽，講完請問問對方聽不聽得懂，並請他針對內容發問。如果你可以讓對方聽懂，也能解答各種問題，你就能很驕傲地對自己說：「我真的學會了！」再來就能往更進階的內容邁進囉！

以上就是我自己很常用的學習三步驟，誠心推薦你試試看。如果你想知道更多有效的學習方法，作者彼得・霍林斯在本書分享了許多實用的學習方法，並剖析了背後的原理與說明實行的詳細步驟，我就先不爆雷，留給你自己去發掘。

在此祝福你對於想學的東西都能學得會、記得住、用得到，讓我們一起在學習的路上結伴同行吧！

 **導論**

　　學習對我而言從來都不容易，這解釋了為何我從幼稚園開始，一路走到國高中和大學，向來都是個不怎麼樣的學生。

　　即便是我父母，也似乎憑直覺就可以知道，學習對我來說多有挑戰性；因為他們開始說我的「生活能力很強」，還有我的手有多巧。我猜他們只能靠這些，才找得到理由讚美我，因為他們根本沒有機會嘉許我的成績。

　　但我不像其他小孩，我不曾為此感到掙扎或難過。我猜他們之中可能有些人，看到其他同學在班上名列前茅，所以變得挫折又嫉妒。然而，我只是覺得，每個人都有自己有用的地方，成績不一定是衡量自我價值的方式。

　　我知道對一個小孩來說，這種見解還滿獨到的。但從很多方面來講，這也算是個天大的誤會。

　　結果我是對的，成績的確不重要。人生有部分的重點在於你認識誰，然而一旦你長大成人開始闖蕩之後，卻發現在你周圍的是個以成績為重的社會。「學習」這個概念──能夠理解、記憶，並運用新知識──就真的開始變得很重要，也會完全改變你的職涯、人際關係和幸福快樂。事實上，它會變成你最終的骨

幹，不過要是你愈早開始，就可能更有優勢。

如果你學得很快，就能夠在被別人抓到你一直都在虛張聲勢之前，成功地給人言行合一的印象；也能獲得某些之前因為被卡住、搞不懂，導致從來都不知道的事情的機會。而且，你往往有能力讓自己的人生朝著想要的方向前進，因為學習能力是你唯一能進入、需要突破的關卡。

對我來說，這在我第一份工作的時候最有感。我有個同事叫約翰，我比他早幾週開始上班。他很快就被發現用了造假的履歷，面試的時候也都是裝的，因為他根本不知道自己該負責什麼工作，也不會用我們所有人都應該要很熟悉的業界標準軟體。

一開始我很生氣，很想看到他得到報應。但後來發生一件奇妙的事——他學東西超快。他的桌上到處都是便利貼，本子上寫滿了筆記，還有他好像總是在寫「給自己的三步驟說明」。看見他的學習動力，真的很令人印象深刻；才不過幾個月而已，他展現出來的專業度簡直就和我差不多，這些都是之前的他所缺乏的。

當然，他也許是靠著弄虛作假騙進來的；但在此時此刻，我倆之間實際上並沒有什麼區別。他早就以破紀錄的速度學會我們的工作內容，之後還在同家公司做了好幾年。可以說就是在這個令人靈光乍現的時間點，我才開始思考學習的*過程與價值*的。

　　過程：應該沒那麼難吧，一定有什麼可靠的系統，是人們可以用來促進學習的。畢竟，那些成績比我好的小孩，也絕對不是因為每個人都比我聰明，對吧？

　　價值：哇噢，學習居然可以打開這麼多道大門，我都不知道。這遠不只適用於工作上而已，對我的嗜好和日常生活來說，也可能很有用。學習可以讓我到達自己想去的地方。

　　所以，學習到底是什麼？（我指的並不是嚴格的定義。）學習，是你打造自己想要的生活的方式。學習，是你創造一個更好的自己的唯一方法。學習是你所能夠擁有的最基本技能之一，如果你沒有這個技能，你要如何改變或改善自身的存在？

　　歡迎來到*超級學習法*，在這裡，你終於學得到如何學習了。

導論

超強記憶學習法 —————— 目錄

推薦序　學習的極意 ——————— 林長揚　2

導論 ————————————————— 6

Chapter 1. 學習的豐沛條件

人類能夠維持專注的時間 ——————— 16

在短時間區段內學習 ———————————— 20

概念先於事實，理解先於記憶 ————— 24

把挫折當成目標 ———————————————— 30

Chapter 2. 維持記憶

遺忘 ————————————————————————— 46

遺忘曲線 —————————————————————— 50

學習週期 —————————————————————— 54

檢索練習 —————————————————————— 58

間隔重複 —————————————————————— 64

Chapter 3. 主動學習的技巧

詳盡詢問 —————————————————————— 80

費曼學習法 ———————————————————— 86

交叉練習 —————————————————————— 90

Chapter 4. 把學習當成次要目標

理解的六個層面 ———————————— 108

問題導向學習 —————————————— 114

遊戲化（Gamification）——————————— 122

Chapter 5. 透過教學來學習

學習金字塔 ——————————————— 134

門徒效應（The Protégé Effect）————— 138

提供理想的意見回饋 ————————— 142

更深層的訊息處理 —————————— 148

更深入的探索 —————————————— 158

PQ4R學習法 —————————————— 166

Chapter 6. 我們在學習中會犯的錯誤

懶散地閱讀 ——————————————— 180

定型心態（Fixed Mindset）vs. 成長心態
（Growth Mindset）：哪一個才好？——— 188

量身訂作學習型態的迷思 ——————— 194

思維風格 vs. 學習型態 ————————— 200

懶散地抄筆記 —————————————— 206

各章總結 ———————————————— 215

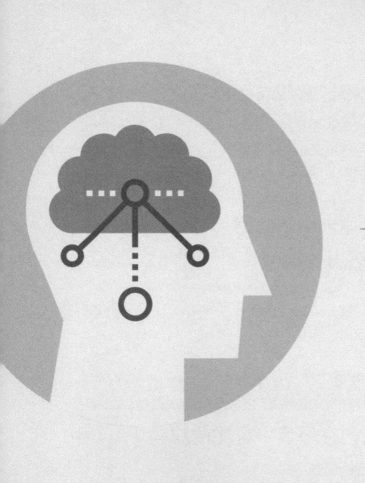

Chapter 1.

學習的豐沛條件

我們是如何學習的？

這個問題感覺很簡單，但幾十年的科學文獻，似乎都在表明它並不簡單。我們可以單純將學習視為一種我們從嬰兒時期，連準備都沒準備就開始進行的活動。在學校裡，我們是固定的資訊與經驗流的接收者。而且在最傳統的情境中，教師評量我們學得好不好的方式，是看我們對那些資訊的複述能有多完整。這件事情我們別無選擇，我們只能眼前有什麼，就學什麼。

這種資料的累積和反芻，幾乎就意味著學習是一個自動化的過程，我們只能監測，但無法控制。事實上，有許多因素、限制與條件，會影響我們的學習能力。了解這些因素，可以幫助你避免錯誤、加速學習。本書所用的科學法則與方式，能夠協助你以最適合自己的方式來學習。

所有的心理活動，包括學習，都會受到內部與外部的因素及條件所影響。有些因素是我們可以控制的，但有些因素則需要我們去克服或繞道解決。這裡的第一章，討論的是驅動我們學習能力的科學法則，以及一些我們可以用來擴展學習能力的最佳方式。換句話說，我們必須為學習打造豐沛的條件，否則就是在扯自己後腿。

你不會想在沙漠裡學滑雪吧!?會嗎？

Chapter 1. 學習的豐沛條件

人類能夠維持專注的時間

關於學習，你必須考量的第一個條件，是你的專注力能夠維持多久。從2006年起，以TED（Technology, Entertainment and Design）之名家喻戶曉的這個非營利組織，製作了一系列的線上影片，由在事業及生活上的各個領域，都十分具影響力的講者和意見領袖主講。TED Talks演講影片，成為了分享想法與散播靈感的爆紅來源。

TED Talks成功的重大關鍵，在於它的簡練，影片長度都限制在18分鐘內。TED策展人克里斯‧安德森（Chris Anderson）說明：「這個長度剛好足夠談論認真的話題，但也正好短到可以保持人們的注意……。而且，強迫習慣講整整45分鐘的講者把時間縮短到18分鐘，也能夠讓他們認真思考自己想講什麼，什麼是他們想要傳達的重點？」

好萊塢絕大多數的電影長度都不到150分鐘；在2016年，半數的電影只有兩個小時或更短。我們比較容易坐到電影結束，因為看電影基本上是被動的：它們有處理到視覺的部分，因此我們不需額外耗費大腦精力去想像。相對來說，TED Talks比較主動、參與度更高，資訊量也密集──只有一個人在台上移動，再輔以

少量的視覺刺激，因此時間必須更短。一切都不是巧合：這些規定都是特意要滿足人類的專注力維持時間，盡可能提高感染力。

　　然而，TED Talks和電影都會消耗腦力，只不過程度不同而已。到了某個時刻，大腦就會感到疲累，需要休息一下充電，不管是分散一下注意力，或是放鬆都可以。無論是一小時的課堂或三小時的電影，這種精神疲倦終究會出現。

　　研究發現，一個健康成人能夠維持專注的時間平均是15分鐘。其他研究（微軟公司）則宣稱我們的即時注意力——也就是單一個專注的時段——已經下降到平均8.25秒了。這長度比金魚還短，牠們都已經被研究出來可以維持9秒的注意力，幾乎可說是海枯石爛了。

　　我們在思考學習的時候，禁不住都會想到注意力和記憶。你能學到的，頂多也只有你有辦法專注於其上的東西而已；因此，許多針對學習與記憶領域的研究，都會著重在時間方面。

　　那麼，你可以專注多久呢？舉例來說，規劃讀書計畫的最佳時間分配為何？路易斯安那州立大學學術成就中心（LSU Center for Academic Success）的艾倫‧鄧恩（Ellen Dunn）建議，學習新內容的最佳時間為30至50分鐘。「不管是什麼，只要少於30分鐘都不夠，」鄧恩說，「但只要一超過50分鐘，你的大腦一次要接收的資訊量又太多。」在完成一個段落之後，你應該要休息5到10

分鐘，再開始另一個循環。

　　學者威廉・迪蒙特（William Dement）和納賽尼爾・克雷曼（Nathaniel Kleitman）在1950年代發現，人類的身體無論是在睡眠或清醒的狀態，基本上都是以90分鐘為週期在運作的。這個模式被稱為超晝夜節律（ultradian rhythm）。每個週期的開始被稱為「覺醒」（arousal）期，接著逐漸上升到中段的性能高峰期，最後才減緩為「壓力」（stress）期。了解這90分鐘的節律週期，如何在更進一步的24小時節律──也就是晝夜節律（circadian rhythm）──中運作，可以幫助我們預測自己在一整天中的運作方式，以及能夠怎麼據此規劃自身績效的高峰期。

　　所有這些例子和研究，都指向一個改善學習的基本策略：也就是將它拆解為較小的時間段，因為大量的資訊，就是無法一口氣進入我們的腦海中。當你學會配合自己與生俱來的能力與侷限時，不只會學得更好，還能節省許多浪費掉的精神、時間和努力──它們並不會讓你離目標更近。

Chapter 1. 學習的豐沛條件

在短時間區段內學習

當你在鍛鍊身體肌群時，會在肌肉上負重並讓它們運動，它們作為細胞，會承受極細微的撕裂傷。然而，一旦它們修復之後，就會比之前來得強壯許多。大腦並不是肌肉，但我們可以把專注力視為能夠訓練的肌群——我們需要調整自己的步調。過度訓練只會讓我們精疲力盡，但納入休息的時段，實際上會讓我們更強壯。

我們可以根據時段來分配學習活動，給予大腦充足的休息時間，以重新啟動、消除疲勞，還能記住更多的訊息，也記得更久。因此，只要設定時間表，就可以開啟一個新的學習週期；這主意很棒。

長期規劃。在學期、線上課程或研究計畫開始的時候，先概略規劃一下你的時間表，建立一個學習時程。你可以用免費的線上行事曆軟體——幾乎每個網路服務供應商都有提供；或你可以使用紙本日曆或白板，來輕鬆完成這件事。

思考一下你在一天中的哪些時候產值最高——我們有些人在一天剛開始的時候效率就很好，但也有些人是標準的夜貓子。只

要確定你留了足夠的時間給睡眠和進食就對了。事實上，關於你是在晚上還是白天比較有效率，是有科學根據的；我們概括稱之為「晨型人」和「夜貓子」。

如果你真的了解你的大腦和身體，就可以把時間表的細節規劃得更完整，將90分鐘的週期運用在行程表上——例如用來休息和避免疲乏的時間段，就是90分鐘。這需要稍微更細心的內省和觀察，但如果你能把範圍縮小到讓自己效率更佳的特定時段，就可以再進一步微調你的學習行程。

學習區段（Learning blocks）。你可以依據個人目的，來修改路易斯安那州立大學研究所建議的30至50分鐘的學習時段。記得，30分鐘就足以讓學習區段很充實了；要是超過50分鐘，會給大腦太多壓力。所以，在你規劃週行事曆的時候，記得在核心學習時段之後，立刻安排休息時間。

這裡也一樣要調整到你知道自己的系統負荷得了的程度：也許是50分鐘加上10分鐘的休息，或是45分鐘加上15分鐘的休息。如果真有必要的話，學習區段也能一路減少到30分鐘。

你可以使用常被應用在工作生產力上十分著名的蕃茄鐘（Pomodoro clock）——也就是在工作25分鐘之後，緊接著5分鐘的徹底放鬆。確切的時間長度不用設定得非常嚴格；不管怎樣，它

要求的只是一個對你來說，簡單到可以規律地遵守的時間框架而已。

你只要問問自己，你會怎麼配合金魚、甚至是小孩的專注時間就好。我們成年人的腦袋，並沒有自以為的那麼不同。

Chapter 1.　學習的豐沛條件

概念先於事實，理解先於記憶

1979年，學者羅傑·薩爾喬（Roger Säljö）發現，我們雖然傾向以好幾種方式看待學習行為，但通常可以粗略歸納成兩類：*淺層學習*（surface learning）與*深度學習*（deep learning）。淺層學習是關於獲得知識、事實與記憶；深度學習是指將意義抽象化，以及理解真實。當我們在本書中探索不同的學習方法及技巧時，會一直重複這項區別。

使用「淺層」和「深度」這兩個詞，也許暗示了無論在何種情況下，後者都優於前者；但事實也不一定總是如此。有些學科用熟記的方式最能夠學得透澈，而不是另外為這些概念搜尋「意義」，將它們置於某些情境中考慮。其實，你的大腦本來就兩種方式都會用。如果我給你一張上面隨機列了30樣東西的清單，要你把它們背起來，在你的腦海裡翻箱倒櫃、試圖找出其中的固有規則或每樣東西之間的關聯性，可能不會有什麼幫助。倘若你手上的任務單純只是要記住資訊而已，這就會變成浪費時間。

但以一般情況來說，死背的作用在於將幾件事實孤立開來，而不是尋找它們之間的連結。它會將事實建立成幾個單一的資訊，但要是它毫無背景脈絡、又和更重要的概念無關，它就無法

讓你學到的東西長久。雖然有時候這樣也很好，但結果就是，你學到的東西會很容易從短期記憶中溜走。

絕大多數可以學習的事物都有某種模式——可能是隱藏的，也可能顯而易見。通常來說，這些模式就是和你最關心的學習有所相關的內容。老實說，要是沒有這些模式，你所學的東西不管怎樣都沒什麼用處。模式讓概念變得實用。要是沒有模式，事實之間的關聯性就是非常有限或短暫的，也因此從一開始就沒有重要到需要人們去學習。畢竟，這正是人類大腦演化了超過幾千年的方式——只有和生存有關、對生存來說有意義的資訊，才會被吸收、記住並理解。

典型的學習歷程，會包含幾個大概念的結合，再加上一些細節。在這種情況之下，無論如何最好都是從大概念開始——也就是那些將小細節連結起來的整體概念。

之所以如此的主要原因，是因為許多小細節雖然乍看之下是隨機的，但如果透過更大概念的透鏡來檢視它們，它們就會組合起來形成一個脈絡，讓大腦能夠更輕鬆地辨認並記住。基本上你正在做的，就是安排整個概念區域的地圖，這樣要穿梭於其中就可以更容易，而且不會迷路。

其實你常常可以不用背那麼多，因為通常光是概念本身，就足以說明事實了。與其試圖死記硬背，如果你從頭到尾跟著概

念，貫穿到結論，在你前進的過程中，訊息就會逐漸顯露出來。就像大綱的副標會在適當的章節標題下出現一樣——這是符合邏輯的發展。如果你了解某件事的主導原則，那麼與其相關的事實，就會有所組織地隨之而來。和單純只是把表面的細節記住、且完全沒有建立它們之間的連結相較之下，透過這種方式的了解和融會貫通，總是會產生更好的學習品質。

舉例來說，假使你在研究美國的米蘭達宣言（Miranda rights）的歷史，你可以把所有關鍵人物都背下來：幾位最高法院大法官、律師、原告和被告的名字；你可以把案件中的日期全部記起來、背下每一次起訴和上訴法庭中的票數、記住之後出現的案件名稱，甚至寫下米蘭達宣言的內容（「你有權保持沈默……等等的」）。聽起來有點無聊，對吧？

這些事實本身都沒有任何相關性，我們也沒有理由將它們留存在記憶中。（其實我很肯定其中有些你已經忘記了，但你根本才剛讀完而已！）把重心放在以米蘭達原則為主的大概念上——被告人的權利、警方的程序，或是具有指標意義的最高法院案件——有助於彙整訊息。一個層次更高的敘述，能夠協助將這些具體細節脈絡化，並讓它們帶有某些意義。在這種情境下，大腦比較有可能記住關於這個主題，它確實需要什麼資訊。一旦你了解基礎的概念，以及它們是如何交互作用的，基本上就能夠以合

理的精確度來推測事實。的確，你也許沒辦法「記住」某些資訊，但在必要的時候，你可以以合乎邏輯的方式解決問題；而且得出的答案，跟你用死背記住的答案也沒什麼兩樣。

　　這就是所謂的*概念學習*。它讓我們知道，我們應該如何根據某些關鍵的屬性，來區分事物並為它們分類。它需要對模式回想，以及對新範例和想法整合。概念學習不是一種沒完沒了、死記硬背的制式技巧，而是一種我們必須建構與培養的能力。

　　在日常生活中使用概念學習。將概念方法運用在學習和發展新技能上，就算是在教室或課堂環境之外，都可以幫忙衍生出新的意義，甚至能夠透過邏輯的拓展，來改善我們執行某些任務或工作的方式。

　　烹飪就是一個簡單的例子。標準的作法是參考一份新食譜，依照上面的食材清單和步驟解說進行。如果你要做的是義大利麵的茄汁，你可以上網找找大家都在用的食譜，然後在做的時候把食譜放在旁邊。你愛重複做幾次都可以；最後，你可能會非常了解它的步驟，就算沒有人指導也做得出來。

　　然而，理解每個步驟的*重點*，並不是會在這些說明中出現的內容。食譜通常不會告訴你為*什麼*要先燜煮洋蔥和大蒜，為*什麼*要讓醬汁沸騰，或是為*什麼*要小火慢燉一段時間。但如果你知道

燜煮洋蔥和大蒜可以建立醬汁的風味基礎、煮沸能讓食材的成分擴散開來，而慢燉則是用來結合各種食材的風味，就更能掌握你的烹煮過程。

最重要的是，了解這些概念，能夠讓你在準備其他完全不同的料理時，得以更輕鬆地辨認出這些技巧，並將它們派上用場——不管是湯品、辣肉醬、肉汁，甚至基本的魚湯和雞湯湯底都是。它還可以讓你更進一步學會確切的科學步驟的特定細節，為你開啟烹飪的大門，烹煮非液體基底的完全不同類型的食物——換句話說，也就是你所想像得到的任何菜餚。你只要知道哪些風味比較可能互相衝突、哪些則是互補，就已經遠遠勝過只會背食譜的廚師了。

倘若事情的發展沒有按照計畫，你也能夠配合調整，因為你理解某個特定步驟會存在的原因是什麼；如果必要，你可以想個備案、發揮創意或解決問題。你會變成那些不需要食譜的人的其中之一，因為你知道的，不僅只是如何看食譜而已——你還了解要怎麼做，才能做出美食。

這個模式極容易複製。如果一個小型企業主了解稅收的概念與其分配方式，制定稅務預算對他來說將更容易。了解節奏如何在歌曲的脈絡中運作的音樂家，會比較清楚要怎麼編電子鼓。一個棋士若是理解整體策略之間的差異，也比只去學習每顆棋子可

以移動的位置還要有利。即便是一間洗衣店的工作人員,都會知道因為水的冷熱方式不同,而對衣物的色彩造成不同的影響,所以犯的錯和毀掉的衣服自然比較少。這麼說你就懂了。

　　事實上,某些類型的教育和學習方式既淺顯又得以複製,即便是你之前從來不曉得的技能,也能變得專精,就只因為你知道如何學習。你可以學習任何任務的細節,甚至可以適當地實行幾次;但是,了解將它們連結起來的原則和概念,是記住這些訊息或技巧更有效率的方式。當你需要學習新東西時,你很可能可以用自己已經相當有把握的概念,來建構你要學的新知識。

　　學習啟發法(heuristics)和概念學習這件事非常相似(巴爾薩魯Barsalou,1991, 1992)。啟發法描述的,是一種組織訊息的類別和它們之間關係的想法或行為模式。它採用我們對我們的世界預想的見解或概念,以其作為一種詮釋並分類新資訊的方式。

　　舉例來說,有些你會在生日派對上做的行為,是不會在葬禮上做的(我們希望反之亦然)。你如何處理每個情況和任何其他的場合,以及在當下的所作所為所遵守的「規範」,都在啟發式教育法中有所安排。不管你要學的是什麼,先為它建構並理解它的啟發式法則,總是有幫助的。

　　要學習概念有另外一個很棒的方式,稱為「費曼學習法」(Feynman technique),我們會在稍後的章節中討論到。

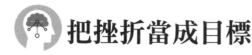

把挫折當成目標

在競爭的情況下，我們把成就和成功綁在一起：獲勝、正向的結果，以及尋找解方。但在學習中，成就的一個關鍵組成分子是*失敗*。這和我們的直覺相牴觸，但是擁抱正確的失敗，也許就是能讓你的學習，進步到下一個層次的關鍵要素之一。

「建設性失敗」（productive failure）是由新加坡國立教育學院的研究員瑪努・卡普爾（Manu Kapur）所提出的概念。他的哲學建立在學習悖論的基礎上，認為沒有達到預期的結果，其價值和成功一樣可貴，甚至更甚於成功。

卡普爾說，灌輸知識的公認模式——提早給學生架構和指導，並且繼續為他們提供支持，直到他們可以獨力學習——可能不是真正促進學習的最佳方式。雖然該模式憑直覺來看很有道理，但卡普爾認為最好的方式，是讓學生在沒有外部幫助的情況下自生自滅。

卡普爾用兩組學生來進行實驗，其中一組學生拿到的，是一系列有「鷹架支持（scaffolding）[1]」的——也就是現場教師的全面

1　布魯納、羅斯和吳德（Bruner, Ross & Wood）於一九七六年將兒童得自成人或同儕的這種社會支持隱喻為「鷹架支持」（scaffolding），強調在教室內的師生互動歷程中，教師宜扮演社會支持者的角色，猶如蓋房子時鷹架的作用一樣。

教學協助。第二組學生也拿到相同的問題，但是沒有任何老師幫忙。取而代之的，是他們必須合作找出解答。

「被支持」組可以正確地解決問題，被放生的組則無法。但沒有教師的支持，第二組學生被迫透過互相合作，來更深入地探討概念。他們對問題的本質產生了一些想法，也去推測潛在的解答可能長什麼樣子。他們試圖了解問題的根源，以及有什麼方式可以用來解決它們。

接著，他們對這兩組學生進行測試，看看他們剛才都學了些什麼，結果天差地遠。沒有教師協助的那組學生，*表現顯著優於*另外一組。沒有解決問題的那組，發現了卡普爾所認為的失敗的「隱藏功效」：透過小組的研究和討論過程，對問題結構產生更深入的了解。

第二組學生也許沒有解決問題本身，但他們對該問題的各個面向、以及它背後的概念，產生了更多的了解。因此在未來，當這些學生在其他測試中遇到一個新問題時，比起被動地接收教師的專業知識的人，他們能更有效率地利用自己通過試驗所產生出來的知識解決問題。

因此，卡普爾斷言，在第二組的過程中，最重要的部分是他們的失策、錯誤和摸索。當這組學生積極努力地靠著自己學習時，就得以保留更多將來面對問題時所需要的知識。

卡普爾說，有三個條件，能讓建設性失敗成為一個有用的過程：

• 選擇「有挑戰性，但不會讓人覺得挫敗」的問題。
• 讓學習者有機會說明且詳細解釋他們的解題經過。
• 讓學習者得以比較或對照解決方式的優劣。

努力絕對是一個導向學習的要件，但學習需要的還有紀律，以及延遲滿足的意識。

幫助孩子們……失敗？我們也可以從育兒策略中，看到建設性失敗的概念。但故意讓我們的孩子失敗，真的會讓學習變得對他們來說更容易嗎？

昆士蘭科技大學的茱迪絲‧洛克（Judith Locke）說，「過度教養」（over-parenting）也許能確保我們孩子的安全、讓他們受到支持，但也可能阻礙他們的生長過程。洛克觀察到，在無助的情況下長大的孩子，注定要邁向充滿焦慮的成年期。然而，對小孩的需求過度回應的雙親，會限制孩子靠自己解決問題的能力，並且阻礙他們應對未來挫敗所需的情緒發展。

在某種程度上來說，我們對*自己*就是過度教養。我們迫使自己避免失敗，努力達到預期的結果；在陷入困境或失敗的時候，

就會覺得沮喪。這麼一來，我們要怎麼讓失敗變得對我們有用呢？

讓你的大腦進入成長模式。倘若我們相信，我們在面對所有想達成的目標時，一切都已經水到渠成，就等於是幫自己挖了個洞；因為要是過程沒那麼順利，我們馬上就會失望。這是由於我們認為自己的能力是固定的——如果我們無法根據已經知道或可以做的事情來達成目標，就永遠都辦不到。這會造成我們的失望更深刻、更磨耗心力。

所以，在一個看似陌生的計畫開始時，我們需要告訴大腦自己現在處於學習模式。我們需要確定的是，我們主要的收穫之一會是新的知識，而不只是成功的立即結果而已。重新定義你的期望，讓學習和結果一樣重要——如果可能的話，應該更看重學習。

紀錄自己的歷程。就像公司會使用「書面紀錄」（不管是紙本還是電子化的）來釐清改變某個結果的轉捩點或重大事件一樣，當你陷入新計畫的雜亂無章中時，固定紀錄自己的歷程能夠協助你學習新知識，並為將來的工作改善你的步驟。

除了你在計畫中使用的任何工具之外，可以另外準備日誌或

筆記，來紀錄你一路上的新發現。這份日誌可以依你想要的各種方式來設計，無論是紙本的筆記本、文字處理或記事本軟體、智慧型手機的錄音程式，或任何你喜歡的形式。以一個廚師在寫食譜的步驟、或偵探記下案件調查中的證據的方式，來紀錄你的歷程。

這些筆記可能是在未來可以派上用場的知識核心——即便你目前在運用它們時，所得到的結果是失敗的。它們衍生出來的想法看起來或許微不足道，特別是最終沒有成功的話。但當我們運用這些核心思考，來解決以後的問題時，它們的價值就會提高。如果只是日復一日，你可能不會注意到任何深刻的理解；但當你在比較幾週或幾個月的進度時，其中的差異也許會令你大吃一驚。

用你的失敗來計畫下一步。如果你紀錄了自己的進度，並診斷出哪裡出了問題，就把你的這些評量，轉換為原先計畫之外的輔助方案。

舉例來說，假使這是你第一次耕種蔬菜園。在整個過程中，你記下了每個步驟，以及你所運用的技巧。但等到採收的時候，有些植物長出來不是它們原本該有的樣子。這是因為你搞錯土壤了嗎？利用你手邊的資源，來找出土壤*哪裡*有問題，以及應該要

怎樣才對。長不好的植物是不是離其他植物太近了？那就學習如何在小空間裡，盡可能放進最多植株的技巧吧。

　　或是這個更常見的情況，讓我們假設你的銷售結果不如預期。如果你發現了某個導致高估的錯誤，你可以在線上找到關於如何設定試算表的資訊，來避免這些差錯。倘若是你的銷售策略有問題，那就想辦法參加能夠提高銷售力的工作坊，或是增進你和客戶之間的人際溝通技巧。如果單純是因為客戶數量太少，那麼就學著如何推廣你的事業人脈，並且增加它的影響力。

　　對挫折有所預期，但不要屈服。你在學習過程中很可能會遇到一兩次失敗，還有隨之而來放棄的念頭。這甚至也許在你還沒開始的時候，就已經感受到了，也因而產生嚴重的焦慮，籠罩著你的整個計畫。

　　預見挫折只算是一種好的心理準備而已──但你還是得計畫如何處理。概略地設想一下，在挫折發生時如何調適──在大多數時候，這就是從當下的狀況喘口氣、休息一下，並且暫時和問題保持距離。通常，光是暫停這個動作，就能讓客觀性緩緩滲入，讓你把困難看得更清楚。但不管在任何情況下，這都可以減輕你所感受到的最立即的焦慮，並讓你有機會從更放鬆的心態，來解決這個問題。

　　我們為何要費心著手處理有效學習的先決要件？因為有許多人，都還不了解什麼在心理、甚至生理層面上才有效，就直接投入學習了。還有很多人認為有效的學習，可以透過我們花在某學習任務上的時間多寡來評估，但人都是有極限的；注意在努力的時候不要超越這些極限，就能夠加速你的學習。無論如何，你都無法負荷超出自己能夠集中注意力的時間，或是完全依賴於死背硬記。

本章精華

- 超級學習（Superlearning）就意味著好好運用每個人都已經擁有、與生俱來的內建機制。當我們與大腦合作、而不是唱反調的時候，就能夠從自己的學習經驗中，得到最多收穫，也得以享受更豐富的學習。

- 人類得以集中注意力的時間有限，這是不爭的事實。我們必須順從我們在專注力上的侷限，並且據此制訂學習計畫——也就是說，先從比較少量、比較容易掌控的新訊息開始消化。

- 對任何種類的學習來說，最適合的時間是介於30到50分鐘之間。時間太短學習的深度不夠，過長又會讓你的認知能力開始疲勞。

- 若要聰明地利用時間，就事先在你的行程表中，規劃並指定特定的學習時段。

- 讓概念學習引導你：在你學習的過程中，要以理解和融會貫通為優先目標，其次才是硬記，也就是概念先於事實。當你能對訊息產生深刻的評價、而不只有表面時，就可以在整體脈絡中嵌入新的概念，讓它們更好記也更好應用。

- 故意投入建設性失敗。你要知道，如果正確地擁抱失敗，它其實會是很有價值的資訊來源。

● 在不讓自己感到挫敗的情況下挑戰自己，並且確保當你在努力
（和搞砸）的時候，會給自己機會，仔細檢視事情為何這樣發
展。問問自己為什麼失敗，並思考如何可以做得更好。

● 培養成長的心態，將自我擺在一邊，並承認學習偶爾會讓人不
太自在。失敗也是學習的一部分，因此在你失敗的時候，就好
好地接受它。利用你的失敗來激勵自己，制訂新的前進計畫，
並勾勒出你的下一步。

●「對挫折有所預期，但不要屈服。」若有正確的心態，「失
敗」會讓你離成功愈來愈近，而不是愈來愈遠。

Chapter 1.　學習的豐沛條件

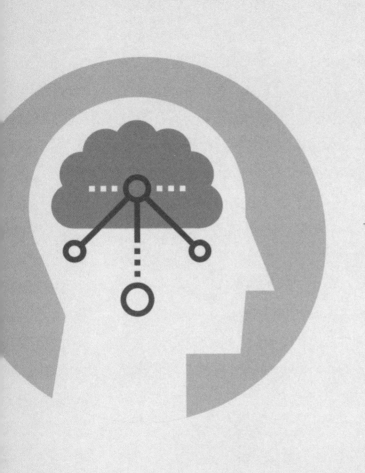

Chapter 2.
維持記憶

　　記憶當然與學習密切相關。如果有人面對一件事情時，實際上什麼相關內容都記不住，我們很少會說他已經學會了！這就是為什麼有這麼多針對學習的技巧和方法，都把重點放在記憶的回想上。然而，就與我們認知的其他面向一樣，如果我們好好花時間了解其最理想的運作方式，以及如何用它來協助讓學習進步，就可以大大提高我們的記憶。

　　倘若記憶是一種存在於特定神經傳導路徑中的儲存系統，那麼「學習」這件事，就等於是改變神經迴路，來讓一個人的行為與思考，適應新訊息的出現。這兩者是相輔相成的，因為學習的目標是將新知識內化於記憶中；要是沒有學習更多事物的能力，空有記憶也枉然。雖然記憶的技巧有很多，但它們的運作方式，其實都是基於本章的內容。

　　記憶是我們儲存和檢索資訊以供使用的方式（基本上就是學習的過程）。要創造記憶，需要三個步驟。這三個步驟中的任何一步出錯，都會造成知識無法有效地轉化為記憶——也就是記憶很模糊，或者某種像是「我不記得他叫什麼名字，但他穿的衣服是紫色的……」之類的感覺。

1. 編碼（encoding）
2. 儲存（storage）

3. 檢索（retrieval）

編碼是透過你的感官來處理訊息的步驟。我們不停地在做這件事，你現在也正在做。我們透過自身所有的感官來為訊息編碼，無論自己是否有意識到。如果你在讀一本書，那你就是正在用自己的雙眼來為訊息編碼；然而，你實際上對這件事的關注和強調到底有多少？你對一個活動愈注意、愈專心，你的編碼就會帶有愈高的覺察——否則可以說是透過潛意識在進行編碼，例如在咖啡廳裡聽到的音樂，或是停紅燈時看見自己周圍經過的車水馬龍。

許多人誤以為自己「記性很差」，但其實說得更精確點，問題是出在注意力上。這種人會忘記剛認識的人叫什麼名字，並不是因為記憶力不好，卻很可能是因為對方在被介紹給自己的時候，他們不夠專心而已——但這些人的確會記得在那一刻，有隻繫著牽繩的超可愛狗狗，剛好從旁邊經過的各種細節。

你所投入的關注度多寡也會決定記憶的強度，除此之外，這最終還會決定它只會成為你的短期記憶，還是得以通過長期記憶的門檻。如果你在看電視的同時又看書，你的編碼可或許不會太深刻或強烈。同樣地，和只在智識層面上與你相關的東西比起來，你比較可能會記住對你來說，有強烈情感意義的事物。

在你用感官體驗訊息並經過編碼後，下一個步驟就是**儲存**。訊息在通過你的雙眼或耳朵之後，會發生什麼事？上述訊息有三個去處可以選擇；這些去處，將決定它會不會是你覺察得到其存在的記憶。記憶系統基本上有三種：感覺記憶（sensory memory）、短期記憶（short-term memory）與長期記憶（long-term memory）。

記憶過程的最後一步是**檢索**，也就是我們實際運用到記憶、可以說是真的學到什麼東西的時候。你也許完全不需要任何提示就會想起來，或可能需要一點線索才能喚醒記憶。其他記憶可能只能透過依照順序、或是作為整體的一個片段的方式，才能被記得——例如在背ABC的時候，你會發現自己得用唱的，才能想起它的順序。通常，你在記憶的儲存和編碼階段投注了多少注意力，會決定你檢索這些記憶的難易程度。學習過程不一定大都著重在檢索上——而是集中在儲存的面向，以及你可以如何努力使訊息從感覺記憶和短期記憶，進入到長期記憶的區域。

想想你為了考試抱佛腳的時候。你想要你所接收到的訊息可以在大腦中留存24小時，這意味著它必須留得比短期記憶還長，而且當然一定要長於感覺記憶。你也許不在乎自己年底是否還記得法國大革命的資訊，所以你能夠付出的關注程度，就剛好是可

以將這則資訊推入短期和長期記憶之間的模糊地帶。事實上，你會一直重複這個訊息，直到它足以在你的長期記憶中，留下非常微弱的印象。但在那之後，這個印象就會很快消失。

　　從某種意義上來說，加快你的學習速度，和提升記憶能力及吸收力是同一件事——愈像海綿愈好。另一件重要的事，是你要有意識地去控制此過程的幾個階段，因為正常來說，它們是會自動地不斷進行下去的。如果你知道自己的記憶是如何且為何運作的，就可以充分利用它了！

 遺忘

然而，學習不只是在增進記憶的過程而已，它也是在提升我們避免遺忘的能力。我們為什麼會忘記？我們為什麼不記得這件事？我們怎麼會讓事情從腦袋中溜走？

正如同你所讀到的，遺忘通常是儲存過程中的失敗或缺陷——你想要的資訊只到達短期記憶，還過不了長期記憶那一關。問題不是你無法在腦海中找到資訊；而是它從一開始嵌入的強度就不夠。會發生這種事情，有部分可能是因為你從來沒有透過一次又一次地回憶，來鞏固記憶；也就是說，你並沒有強化那些暫時性的神經連結和自己的大腦，所以大腦覺得那些不是真的需要的東西，就會隨它們去。

有時候把遺忘視為是學習的失敗，會比較容易。你在檢索或存取記憶時，通常會有三種不同的方式：

1. 回憶（recall）
2. 再認（recognition）
3. 再學習（relearning）

回憶指的是在沒有外部線索的協助下，就得以想起某段記憶。這指的是你能夠從一片空白中，根據要求背誦出某事物——比方說，看著一張白紙，就寫得出全世界所有國家的首都。當你可以回憶起某件事的時候，表示你對它有最強烈的記憶。要不是你反覆背誦的程度足夠，就是你賦予它相當的重要性；如此一來，它才會成為你的長期記憶中極為強烈的記憶片段。你前往自己腦袋的儲存庫，精確地找到你要找的東西，接著再完整重現。

當然，因為回憶代表的是最強等級的記憶，因此它通常也是最難達成的。通常會需要幾個小時的練習或學習，才能夠稍微靠近這個層次。然而，只要我們的資訊是以這種方式取得的，好處就是若要將其捨除或忘記，會困難得多。我們在學習時，會想要資訊進入這個範圍，不過，我們通常會滿足於達成檢索記憶的下一種類型。

再認指的是倘若有外部線索，你的記憶就會在腦海中浮現。你可能無法只憑回憶就記起某事，可是如果有小小的線索或提示，就可以想起來。舉例來說，你也許記不得世界上所有的首都，但若你得到像是首都的第一個字母或某個押韻的詞之類的線索，要講出來就相當容易。這足以「喚醒你的記憶」，讓你一旦開始了，就可以繼續下去。

當我們把訊息硬塞進腦子裡時，我們得到的記憶度通常停留在「再認」。記憶術（mnemonics）和其他類似的記憶法也是這麼運作的。我們知道如果自己沒有經過大量練習，是無法永久儲存和回憶這麼多訊息的；因此，我們會努力將訊息切割成可辨認的線索。有了正確的線索，我們就能面對正確的方向，並可以逐漸存取原先儲存得沒那麼具體的記憶。

再學習無疑是回憶最弱的形式。它會發生在你重新學習或複習資訊的時候，而且之後的每次需要耗費的心力都會愈來愈少。譬如你在星期一要花30分鐘，才能讀一張國家與首都的列表，隔天應該就只需要15分鐘，依此類推。不幸的是，我們每天辦得到的最多就這樣而已。我們也許對某個概念很熟悉，但還沒有投入到可以讓它長存在記憶中；這樣在我們之後再看到它的時候，才不用再重新學習一次。

這會發生在我們面對一個新主題時，或已經忘得差不多的內容上。當你處於再學習的階段時，基本上你並沒有跨越短期記憶的障礙，把任何東西送到長期記憶中。從你大腦的視角來說，這種資訊單純就只是不夠重要、不夠切題，或重複得不足而已，沒有理由在你的記憶中占據更多空間。

Chapter 2. 維持記憶

 # 遺忘曲線

在學習的探索旅程中，我們在抵抗的，不只是平淡的編碼或儲存而已；我們還必須對抗大腦天生就會盡快遺忘的傾向。

此處可以運用由心理學家赫爾曼‧艾賓浩斯（Hermann Ebbinghaus）首先提出的*遺忘曲線*概念來概括。以下為遺忘曲線的圖表，由Wranx.com提供。

新習得資訊的典型遺忘曲線

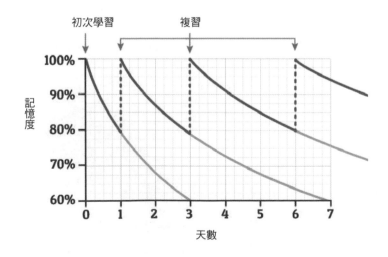

　　這張圖顯示的，是如果沒有嘗試將資訊轉變為長期記憶，記憶會隨著時間變化而退化並加速遺忘的速率。倘若你在星期一讀了一些和法國大革命有關的東西，四天後通常就只會記得一半；僅僅一週的時間，你的記憶就會掉到剩下30%。要是你不複習已經學過的內容，關於法國大革命的事，你很可能會只記得10%。

　　然而，假使你有複習且經過多次練習，就可以從上圖知道，隨著時間經過，你如何得以維持、並記得更多內容。你會將記憶度再次拉回100%，接著線條的曲度會變得比較淺，表示退化的程度減弱。這就好像是你在教育自己的大腦：「這很重要，我會一直需要知道這件事，所以你得把它記起來。」

　　我們的目標是讓遺忘曲線的曲率變小──盡可能讓它看起來愈像水平線愈好。這表示衰退的比率非常小，但需要持續的複習與演練。

　　艾賓浩斯發現了記憶喪失的模式，並且獨立出兩個影響遺忘曲線的簡單因素。第一，如果該記憶很強大，又對受試者獨具意義，它的衰退速度會顯著減慢。其次，時間的多寡和記憶的久遠程度，會決定它退化的速度和嚴重程度。這表示除了想出策略來為訊息賦予個人意義、並且更常複習之外，面對遺忘，我們也無能為力。

　　如你所見，遺忘並不是像「怎麼突然想不起來」，或在你大

腦的儲藏庫裡翻箱倒櫃那麼簡單。有一些非常特定的過程，讓我們近乎奇蹟般地可以記得這麼多事情。你也許也注意到了，提高記憶力和良好的編碼與注意力、以及適當地複習與回憶，都同樣重要。

　　能夠回憶訊息向來都是第一目標，但若要更實際一點，我們在日常生活中應該努力追求「再認」，以及如何熟練地使用線索與暗示。我也許無法背出我最喜歡的歌的歌詞，但可以確定只要聽到旋律就會想起來。如果我成為一個為自己管理線索的專家，就得以解決記憶那無可避免的限制。

Chapter 2.　維持記憶

 # 學習週期

　　另一種與大腦和記憶的內在機制合作的方式，是使用所謂的學習週期。這種方式不只是單一技巧而已，而是為了最大化學習的效果，因此在某個特定期間依照某種順序，所使用的一系列不同技巧。事實上，學習週期背後的法則，正好能夠解釋為何像回憶練習或間隔重複（spaced repetition）之類的戰術，會這麼有效。

　　此週期由五個連續的步驟組成。它會幫助你強化新的內容，而且，你在這麼做的同時，還能夠邊增加知識、邊繼續每個階段的新發展，因而給自己更多自信。這個週期也很適合讓你保持條理，充滿動機。通常，當我們只是坐下「學習」的時候，我們的意圖模糊到只是在浪費時間而已，也錯過真正能夠好好學習的機會。但如果有一個結構分明又流暢的學習週期，我們就會知道自己的狀況——也可以把這些步驟，應用在任何我們想要的修業上。

　　這些步驟包含了預習、注意、複習、研讀、評估……再繼續重複此循環。

　　第一個步驟是**預習**。不要直接一頭鑽進去；相反地，先試著從大概知道你在做什麼下手，整體脈絡為何，又為什麼要做這件

事？先看一下全貌。這看起來會如何，取決於你本人，以及你正在學習的主題。

舉例來說，如果你在讀一本教科書中的重要章節，你可能會需要從瀏覽開始，也就是讀完主要的標題和副標題，大致看過任何圖片和圖表及它們的說明、任何最後的結論、曲線圖和表格之類的數據，以及已經被標示為重點的粗體字或引述的內容。如此一來，你就為自己的學習做好了準備，也知道大概的情況。

即便你學習的形式沒有那麼傳統，可能也還是會想快速地瀏覽一下內容，來取得粗略的概念。快速瀏覽完一份樂譜，並記下拍號、速度和調號，來對旋律有個大概的了解。如果你在閱讀的是學術期刊的文章，先把每一篇的摘要看完，再大概地看一下研究問題、研究方法和結論是什麼，才接下去閱讀細節。

下一個步驟是**注意**，也就是要專心。重要的是，預習的部分能幫助你將注意力引導至*某個地方*（也就是最重要的概念）；但到了第二個步驟，你就必須完整地用上這份專注力。在這裡，你會想要盡可能專心並充滿覺察。不要光是被動地坐在課堂上或看著教學影片，卻沒有抄筆記。

*積極*地閱讀或觀看。這意味著你要投入你所接收到的資訊，做筆記、問問題（人、事、時、地、為何及如何），並且和內容

進行「對話」。在書頁的空白處快速記下問題，並且找出如何回答。自己寫摘要或簡化圖表——並且在你為這項新訊息編碼的時候，盡可能多運用自己的判斷力。當你產生了自己的學習輔助工具、也可以向自我解釋這些概念時，就能夠理解得更清楚，並記得更多。

第三步是**複習**。就像預習一樣，現在，我們會再看一次我們涵蓋了哪些範圍，以及吸收了哪些內容。光是重新檢視你吸收了什麼的這個動作，就能夠記得更牢。在學習進度告一段落時，停下來評估一下。要是你再看一次自己的筆記和摘要，甚至可能回答你在這個學習階段剛開始時，所懷抱的某些疑問。

基本上你只是再瀏覽一次而已，但這一次你要看的，不是即將學習的事物的總覽，而是對已經學到的內容，進行快速的考察。鑽研一些新概念、重新審視重要的主題，再花一點時間讓所有內容沈澱。如果你在學到一些新資訊之後，立刻就練習檢索，那麼你不只能夠教會自己的大腦把重要訊息歸檔，更是在構築一條你之後可以藉以搜尋並回憶該訊息的通道。

第四個步驟是**研讀**。現在學習的材料就在這裡，而你需要確定的，就是它會永久在你的腦海裡扎根。達成這件事的祕訣，就

是重複。花大概30到50分鐘，複習概念、定義、問題或想法，來強化你的理解。特別留意那些對你來說最困難的部分，但記得要持續注意每個部分與整體之間的關係。在此處，你可以利用之前的所有步驟來整理這些內容，並將它們編碼到你的大腦中。

　　最後一個步驟是**評估**。在這裡，你會想要檢查一下自己的學習歷程進度如何。檢查你記住了多少，但也問問自己你的學習技巧是否有效？試著做一些測試或考古題，來評估你的表現和記憶力，並且根據結果來調整接下來的方法。

　　當你能夠充滿自信地教另外一個人你在學習的概念時，就會知道自己很有可能已經充分吸收了內容，也會覺得你已經理解到可以複述它們，或是在測驗中得到好成績了。然而另一方面，你也可能覺得自己對這些內容沒什麼問題，但會希望改變學習方式，例如在不同的步驟上多花或少花一些時間，或是使用不同的積極閱讀技巧。

　　等到你完成這個週期之後，再從第一個步驟重新開始！

 檢索練習

那麼，我們可以如何利用這關於自身記憶的知識，來讓學習更有效率呢？要處理記憶善變的本質，有一個主要的技巧可以應用：**檢索練習**。

我們經常會認為學習就是在吸收——吸收某些進到我們腦子裡的東西：老師或課本向我們吐出知識、數據、方程式和單字，而我們只是坐在那裡接受而已。這單純是在累積——是非常*被動*的動作。

這種類型的學習關係，很快就會把我們記不了多久的知識還回去，因為即便我們學到了，卻也沒有學以*致用*。為了獲得最佳效果，我們必須把學習轉變為一種*主動*的操作。

這就是檢索練習能夠發揮作用的地方。與其在我們的腦子裡放進更多東西，檢索練習反而是協助我們從大腦中找*出*知識，並且加以利用。這種看似微小的思維變化，卻能夠大幅提高我們保留和記住所學的機會。每個人都記得我們小時候的學習卡，卡片正面是數學公式、單字、科學詞彙或是圖像，背面則有「解答」——也就是答案、定義、說明，或是任何學生被預期應該要有的回應。

　　學習卡這個概念源自一個名為*檢索練習*的策略。這種方式已經不算新，也沒有特別複雜：它就只是要你在收到特定影像或描述的提示（學習卡的正面）時，回憶你已經學會的知識（背面）而已。

　　*檢索練習*是增加記憶力和長久記住知識的最佳方式之一。它的核心概念雖然很簡單，但我們實際在使用檢索練習時，並不是像被動地使用學習卡反覆練習、或是讀我們抄下來的筆記那麼單純。相反地，檢索練習是一種主動的技巧；是我們為了最終能夠在毫無提示的情況下回想起該則資訊，而經歷的認真努力、思考和處理──其中有不少是我們在這本能夠讓你加速學習的書中，都已經討論過的。

　　普賈・阿加瓦爾（Pooja Agarwal）進行了一項調查，對象是參與了某個結束於2011年，為期一年半的中學社會研究的學生。此研究的目的，在於測試無數的固定小考──基本上就是檢索練習──能夠為學習與記憶能力，帶來什麼樣的好處。

　　導師並沒有改變學生的學習計畫，教學也是一如往常，但會定期舉行關於上課內容的小考，由研究團隊出題，且都已經說好小考結果不計入正式成績。

　　這些小考所涵蓋的範圍，大約是老師教學內容的三分之一，老師在測驗期間也必須離開教室。這麼做的目的，是要讓老師也

不知道考試考到了哪些主題。在課堂中，老師會和平常一樣對整班同學進行教學與評估，但他也不知道教學內容的哪些部分有在測驗中出現。

此研究是在期末測驗期間測量結果的，而且研究發現非常令人意外。比起在毫無利害關係的小考裡沒有問到的問題，學生們針對小考中有考到的內容（也就是所有上課內容的三分之一），所得到的成績整整高了一階。即便沒有必須全部答對來拉高總分的壓力，但光是偶爾要考小考的這個動作，就可以確實幫助學生學得更好。

至於哪種問題類型最有幫助，阿加瓦爾的研究也有深刻的見解。要求學生基本上可以算是從零開始回想的問題，會比他們能夠從選項中辨認答案的是非或選擇題更為有用。在沒有字詞或視覺提示的情況下，主動記住答案的心理努力，增進了學生們的學習與記憶。

在我們的生活中使用檢索練習

檢索練習的主要好處，是它鼓勵學生主動努力，而不是坐等外部資訊慢慢滲入。當我們學習了一次，然後實際做其他事情來強化我們的學習時，它的效果會比單純複習筆記或重讀書裡的段落要來得好。

　　我們儲存在記憶裡的知識被調出來的時候，就會被活化。檢索練習會刺激該運動，並使學習和記住新的領會更加容易。將概念從大腦中調閱*出*來的效果，會比只是試著持續把概念放進大腦要好得多。學習就是我們把新增到記憶裡的內容，在之後再拿出來用。

　　我們在本段落的開頭提到了學習卡，以及它們是如何由檢索練習衍生出來的。但是學習卡本身並不是策略：你也可能用了學習卡，但還是沒有進行到真正的檢索練習。

　　許多學生使用學習卡的方式也滿被動的：他們看到提示，就在心裡回答自己會這一題，翻過去看完答案之後，就換到下一張。然而，要確實執*行*這件事，得花上幾秒鐘來把真正的答案想出來，並在卡片翻過去之前大聲地說出答案。兩者之間的差異看似微不足道，但非常重要。學生可以在繼續下去前，確實檢索答案且把它說出來，從學習卡中得到更大的幫助。

　　在通常沒有外部教師、事先做好的學習卡，或是其他協助的現實世界中——我們要如何重新調整所學，來運用檢索練習呢？有個好方法是擴充學習卡，使其更具有「互動性」。

　　我們的小學時代所經歷的學習卡，大多數都是有所侷限的。你可以用新方式來調整卡片背面的內容，讓學習卡成為更複雜、更符合真實世界或是自學的運用，就如同作家瑞秋·阿德拉尼亞

（Rachel Adragna）所建議的一樣。

當你在研讀工作或課業的內容時，請把學習卡做成正面是概念、背面是定義的樣子。等做好這件事之後，再製作另一組列出各種「指示」的卡片，提供如何在創意方面或是現實生活的情境中，來重新處理這些概念的說明。以下是一個例子：

- 用簡單的文字重寫這個概念。
- 寫下一段能夠示範此概念的電影或小說情節。
- 以此概念來描述現實生活中的事件。
- 描述和它*相反*的概念。
- 為這個概念畫一張圖。

就像他們所說的一樣，你可以尋求檢索的可能性，是無窮無盡的。使用這些練習，就能挖掘到更多你自己所產生的關於此概念的訊息。倘若將它們放置在有創意的陳述或表達的脈絡中，當它們在現實生活中出現時，就更能幫助你了解它們。我們的記憶是善變的，而且還喜歡故意捉弄我們，但它們可以被塑造為我們學習得更快速的優勢。

Chapter 2.　維持記憶

間隔重複

這個方式所要直接處理的目標，就是擊敗遺忘。間隔重複——即大家所知的分散練習（distributed practice）——的意思，就是它聽起來的樣子。

它為什麼是一個增進記憶的重要技巧？這是因為它直接與遺忘交戰，讓你得以在自己大腦的能力範圍內工作。其他的技巧也同樣重要，但它們主要是在提高編碼或儲存的能力——記得，記憶的三個部分分別是編碼、儲存與檢索。間隔重複幫得上忙的是最後一個部分——檢索。

為了在記憶中投入更多、並把訊息記得更牢，請盡可能地把重複練習及接觸的時間拉長。換句話說，如果你是每天都讀1小時，而不是週末一口氣讀20個小時，你的記憶效率就會更高。不管你學的內容可能會是什麼，這幾乎都適用。還有研究顯示，一天看某個東西看20次的效果，遠不如在一週的時間內看10次。

如果你把自己的大腦想像成一束肌肉的話，就會更明白為何要使用間隔重複了。肌肉沒有辦法一直訓練，然後在幾乎沒有恢復的情況下繼續工作。你的大腦需要時間，來建立概念之間的聯繫、建立肌肉的記憶，而且往往可以對某些事物變得更

熟悉。神經連結已經被證明是在睡眠的時候建立的了；這不只是在心理上的而已。你的大腦中會生成突觸連結，並且刺激到樹突（dendrites）。

如果一個運動員在一次鍛鍊中過度訓練，就像你可能會在學習時常有的習慣一樣，有機會發生以下兩件事的其中之一——要不是運動員太累，所以後半段的訓練一點用都沒有；要不就是運動員會受傷。對學習這個任務來說，休息和恢復是必要的，有時候我們需要的不是努力。

讓我們看看以間隔重複為重點的行程表可能長什麼樣子。

週一上午10點，學習關於西班牙歷史的基本知識。你累積了五頁的筆記。

週一晚上8點。複習西班牙歷史的筆記，但不要只是被動地複習。一定要試著從你自己的記憶中，去回憶這些訊息。比起單純地重新閱讀和複習，回憶是處理訊息更好的方式。這也許只需要20分鐘。

週二早上10點。嘗試在不要看太多筆記的情況下回憶訊息。一開始先盡可能主動回憶，想起愈多訊息愈好；之後再回到你的筆記去看看自己遺漏掉什麼，並且記下需要更加注意的地方。這很可能只要15分鐘。

週二晚上8點，花10分鐘來複習筆記。

週三下午4點。再次試試看獨立回憶這些訊息，完成後才看筆記，看看你弄錯了什麼。這只會花掉10分鐘的時間，但要確定別遺漏任何步驟。

週四傍晚6點，花10分鐘複習筆記。

週五早上10點，主動回憶練習，這會花10分鐘。

看看這份行事曆，請注意你每週只多花了75分鐘來研讀，但卻得以把一課的內容整整多讀完六次。不僅如此，你很有可能將大部分內容都留在記憶中了，因為你是主動地回憶，而不是被動地複習筆記而已。

下星期一的考試，你已經準備好了。事實上，在星期五下午的時候，你就準備好應考了。間隔重複讓你的大腦有時間來處理概念，並且因為有了重複，它們才能夠自己產生連結及跳躍。

想想看，你在反覆接觸一個概念的時候，會發生什麼事。在前幾次的接觸，你可能都不會看到什麼新東西。但當你和它愈來愈熟悉、不再只是裝裝樣子的時候，就能開始從更深入的層次檢視它，並且思考它周圍的脈絡。你會將它和其他概念或訊息連結在一起，而且通常你的理解，不會只停留在表層而已。

當然，所有的這些過程，都是為了要將訊息從你的短期記

憶，推進到長期記憶中。這就是為什麼在最後一刻死背、臨時抱佛腳，都不是什麼有效的學習方式。由於缺乏重複和更深入的分析，所以它們很少能變成長期記憶。到那個時候，它就只剩下死背而已，而不是我們之前討論過的概念學習；這樣它們注定會更快消失。

當你開始學某件事物時，不要測量你在上面花了幾小時，而是試著去計算在一開始的學習之後，你重複接觸了幾次相同的主題。將增加複習的頻率設定為你的目標，不一定非得是時間的長短。兩者都很重要，但針對間隔重複或分散練習的文獻，都已經清楚地展現了，呼吸的空間是必須的。

的確，這種類型的最理想的學習，比起我們多數人所習慣的更耗時、更需要計畫。然而，就算你發現自己的時間不夠，還是可以策略性地使用它。

要是我們只是為了小考、測驗或其他類型的評估而臨時抱佛腳，就不需要那些內容到達我們的長期記憶裡，只要它稍微超過我們的工作記憶，有部分被編碼到長期記憶中就行。我們沒必要在隔天還能想起任何東西，所以感覺似乎是只需要堅持幾個小時就夠了。

如果你是到了最後一刻才死背，可能無法做到真正的間隔重複，但你可以用一個比較迷你的作法來模擬。不要只在一個晚上

讀X學科讀3個小時，而是去試著一天讀3次，一次1小時，並且在每次的接觸之間間隔幾個小時。

記得，記憶要被編碼並留存在大腦中，是需要時間的。你正在盡你所能地模仿間隔重複。想把你有限的讀書時間利用到極致，可以一起床就先看書，然後在中午、下午4點和晚上9點的時候，各複習一次。重點在於整天都要複習，而且重複愈多次愈好。記得把重點放在次數上，而不是時間。

在你重複閱讀筆記的過程中，記得把筆記的順序打散來念，這樣才能在不同的脈絡中檢視它們，並且更有效率地編碼。此外，要主動回憶，而不是被動閱讀。你甚至不用害怕穿插不相關的內容，因為這樣可以獲得交叉練習（interleaved practice）的成效。確保你的注意力，是集中在主導你正在學習的資訊之基本概念上，如此一來，你才能夠有根據地猜測自己忘記的部分。

你也要確保自己到考試前的最後一刻，都在背誦與複習這些新資訊。在最好的情況下，你的短期記憶可以記住七件事，所以你很有可能會因此記住一條永遠都塞不進你長期記憶裡的訊息。這就像雜耍弄球一樣。你也許會把所有球都弄掉，這是不可避免的；但也有可能你在耍弄的球，就是用得到的東西。充分利用你可以有意識地運用的各類記憶。

正如你所見，間隔重複是從不同的視角來學習——它用以增

進記憶的方式，是練習檢索、盡可能提高頻率，而不在於時間的長短。即便是在你沒有足夠時間的情況下，還是可以運用間隔重複來為考試臨時抱佛腳，整體來說，就是讓更多資訊進到你的腦子裡——這裡也是一樣，我們關注的重點在於頻率，而不是時間。當你把學習和記憶的時間拉得更長，並且經常複習相同的內容時，你的狀況就會更好。

本章精華

- 學習有賴於記憶，而記憶又是儲存與檢索訊息這兩個過程之間的交互作用。它主要的步驟有三個：編碼、儲存與檢索。

- 我們的**編碼**能夠多成功（也就是我們能在腦海裡牢記到什麼程度），取決於我們專注於其上的程度與強度，還有我們和它接觸時的判斷和相關的情緒。

- 當我們**儲存**記憶時，我們要不是將它儲存為瞬時的感官記憶，就是短期記憶或長期記憶。

- **檢索**是回到已儲存的記憶再次取用，這可能有提示或特定排序的幫忙、也可能沒有。我們可以用好幾種方式檢索訊息：直接回憶（不需要線索的協助，這種方式顯然最好）、再認（根據線索和提示來憶起）以及再學習，但這個方法最沒效率，也最不持久。

- 遺忘是一個正常的狀態，它的發生是根據「遺忘曲線」。然而，每次我們複習的時候，都會刷新這段記憶，而在此之後的遺忘曲線，就沒有那麼陡峭。我們的目標，是複習到這條曲線最終變得平坦，而且記憶衰退的速度慢到你可以肯定地說：「這我已經永遠記住了！」

- 學習週期可以根據記憶運作的方式，來將你學習歷程的效果提

升到最大。它的步驟包含了預習、注意、複習、研讀與評估，接著再重新開始循環。我們在學習的過程中，最好有意識地完成每一個步驟——建立脈絡、集中注意力、主動閱讀與投入、鑽研內容，並評估這套步驟之後的發展。

- 檢索練習是一門藝術，練習的是最能夠強化記憶的內容——也就是檢索它們。這是一個主動的過程，能夠牢牢地灌輸記憶。

- 間隔重複是練習檢索和抵抗遺忘最有效的方式。而且，刻意的練習也可以協助你掌控你正在練習的內容，以及如何隨著時間，來強化你的學習和知識。

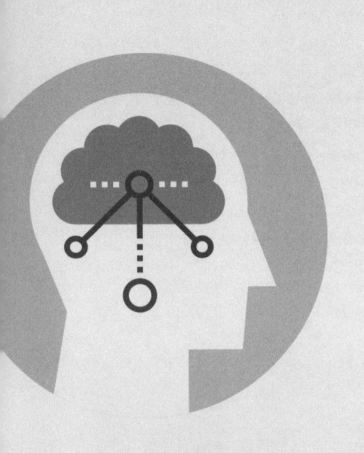

Chapter 3.

主動學習的技巧

　　不管你的學生時代早就是過往雲煙，或你仍然對那些沈悶乏味的教室印象深刻，彷彿就像還是昨天──你也許都會記得老師強迫你接受的一些教學技巧；它們的成效也許很好，也可能不怎麼樣。然而，我們之中的大多數人在致力學習新事物的時候，卻還是回頭使用那些老戰術，也沒去思考這對我們、甚至是對我們的老師來說，到底有沒有用？我們也許會認為比較傳統的方式最好用──但它們真的是最適合的嗎？

　　在2013年，學者約翰・鄧洛斯基（John Dunlosky）和他的同事針對學習的技巧和模式，進行了一個徹底的評量研究。他們檢視了10個不同的方式，選擇的原因在於它們「相對容易進行，也因而能夠被許多學生採用」。這些技巧你也許全都認得，因為你在過去曾經嘗試過，或多或少有些成果。

　　鄧洛斯基的團隊根據這些技巧在學習與記憶的目標上的適切程度，來對它們進行評估。結果正如同他們的預期，團隊認為對學習來說最沒用的五個模式，卻是公認最常被使用、也是評價最高的，因此充滿爭議：

　　摘要（**Summarization**）。在這種做法中，學生會被要求寫出他們自己對於將要學習的內容總結。摘要的重點在於「找出文章的主要論點、抓住它的主旨，並排除不重要或重複的內容」。

鄧洛斯基的團隊認為，摘要這個技巧，只有在學生已經受過關於該技巧的訓練的時候，才能夠發揮用處。

對於沒有受過此訓練的大部分學生來說，他們無法執行這種技巧，也不會有效率。換句話說，做摘要可能是有用的，理論上的確是有用，只是你的方式可能錯了而已。在這種情況下，錯的方式只會浪費你的時間和精力，甚至還會給你理解和進步的錯覺。

畫重點（**Highlighting**）。這種淵遠流長、普遍流行的技巧，就只是用螢光筆標起重要的文字，或幫它畫底線而已。研究人員發現，如果學生們是把它用在某篇特別困難的文章上，也許會有點幫助；但一般而言，他們認為畫重點會讓學生在學習時分心，因為它無法幫助學生從內容中汲取額外的意義或推論。如果你是畫重點的重度依賴者，那麼該是放棄這種輔助、並且更加主動地學習的時候了。

記憶術（**Mnemonics**）。記憶術其實已經行之有年，它是透過喚起腦中的記憶點或速記法——例如圖像、歌曲、短語或單字首的字母縮寫，來回憶已經學過的知識或訊息，例如用「Super Man Helps Every One」（超人會幫助每個人）這個句子，來代表

Superior（蘇必略湖）、**M**ichigan（密西根湖）、**H**uron（休倫湖）、**E**rie（伊利湖）和**On**tario（安大略湖）這五大湖；或是在學習外語的時候，使用事物的圖片。

這似乎很有道理，而且記憶術在特定領域中的運用是很成功的。然而，研究者卻發現，雖然它可以幫助我們快速存取關鍵字的記憶，但要透過記憶術來達成「耐久學習」（durable learning）的可能性是相當低的。這可能與我們討論過的*死記硬背*和*概念學習*之間的關係有關——要是記憶術只鼓勵淺層學習，就完全比不上深層理解及融會貫通。

文本視覺化（Imagery use for text learning）。這個方式所使用的，是比記憶術更抽象的心理觸發（mental invocation），鼓勵學生在心裡或紙本上想像出一個圖樣，來代表他們所讀的文章或段落。基本上，大腦會被要求以更多元的方式，來讓文本的意義更豐富充實之後，再將訊息編碼，而不是只有透過單一方法來將概念連結起來。

儘管學者們發現這種對圖像的運用「大有可為」，但該主題還是需要更多研究。整體來說，他們認為使用圖像的好處僅限於對記憶的測試，以及本身就適合創造影像或回想記憶的文字。就和其他我們在這裡討論到的技巧一樣，它通常取決於你知不知道

自己在做什麼！

重複閱讀（Rereading）。鄧洛斯基的團隊發現，雖然重讀和複習內容非常普遍而且易於實踐，但它們只在某種程度上來說有效而已——主要是重讀複習的時間，需要有間隔地排開。同時，研究團隊也主張，並沒有顯著的證據可以證明，重複閱讀對學生的知識、能力或對主題的深度理解有任何影響。

你是否曾經以一種完全被動的方式閱讀某些內容，只有目光跟著移動而已，卻沒有真的讀進任何東西？閱讀雖然看起來顯然是該做的事，但你想想看，當你在閱讀的時候，有多容易就會和眼前書頁上的概念，沒有任何真正的深層連結——倘若如此，它就幾乎一點意義都沒有。

雖然這五種技巧並非絕無特別的優勢——像是它們都很容易使用，或是當學生在知道它們正確的使用方式之後，會很有效率——然而，鄧洛斯基發現，它們在記憶深層理解和融會貫通的效益及應用性上，多少有點狹隘，而且時常受限於某些條件。它們在表層意義及記憶上多少有點價值，但以理解來說卻少得多。

技巧（Technique）	成效（Utility）
詳盡詢問（Elaborative interrogation）	中
自我解釋（Self-explanation）	中
摘要（Summarization）	低
畫重點（Highlighting）	低
關鍵字記憶術（The keyword mnemonic）	低
文本視覺化（Imagery use for text learning）	低
重複閱讀（Rereading）	低
練習測試（Practice testing）	高
分散練習（Distributed practice）	高
交叉練習（Interleaved practice）	中

以上是鄧洛斯基的研究結果。儘管他們揭露了許多方法是無效的，但也有具體的證據，證明了其他方式的有效性。兩組之間的差異，在於各種方式所涉及的*主動處理*的程度；

這完全是意料中事。本書都已經討論到這裡了，這點對我們來說應該也沒什麼好意外的。

五個*有效*的技巧

鄧洛斯基的團隊所研究的另外五個策略，被認為是對學習和記憶最有效的：

- 練習測試（Practice testing）
- 分散練習（Distributed practice）
- 詳盡詢問（Elaborative interrogation）
- 自我解釋（Self-explanation）
- 交叉練習（Interleaved practice）

在第二章，我們已經討論過又名檢索練習的練習測試了，也就是當你看著一張白紙的時候，沒有任何更進一步線索的提示，就能夠產出資訊。第二章也談到了*分散練習*，也稱為間隔重複，它們都是我們記憶運作方式的延伸。

在這一個小節中，我們將討論其他的技巧，以及更重要的部分——也就是你可以如何在自己的學習歷程中，開始運用它們。

詳盡詢問

　　多年來，許多傑出的思想家，都表達出一個共同的觀點：如果你無法向一個五歲小孩簡單地解釋某個想法，就代表你並沒有真的理解它的概念。學者內斯托濟科等人（Nestojko et. al.）在2014年的《記憶與認知》（*Memory and Cognition*）期刊中所發表的一篇論文，解釋了「為教學做準備」（expecting to teach）的心態，能夠如何提升一個人的記憶力及組織新資訊的能力。試圖向一個真人或想像的聽眾，解釋你所學到的內容，的確是有幫助的；但實際上，這可能是因為你預期將來必須教學，所以才迫使你的大腦，採用一種特別善於接收與專注的知覺狀態。

　　學者的研究很簡單：被要求為了之後要完成測驗而學習一段文章的學生，他們的表現會比因為要教給別人才這麼做的學生差很多。後者更能夠回憶重點和細節，而且他們所記得的訊息也更有條理。

　　訣竅可能在於對你正在吸收的內容，採取更積極主動的態度。你有多少次在讀一段文章的時候，是眼神呆滯地掃視著頁面上的字句，但並沒有真正了解它們的任何意義？為教學做準備可能可以為大腦暖身，讓你更主動地閱讀，尋找和關鍵訊息相關的

重點和線索。在你閱讀的時候，你的大腦已經主動在腦海中開設一堂迷你課程了。

這個法則有一些其他的版本。「詳盡詢問」是對某特定事實的成因，進行徹底解釋的行為。90年代中期以來，教育心理學家麥可‧普雷斯利（Michael Pressley）對此技巧進行了研究調查。它作為學習細節和事實的方式，是大有可為的——即便是再令人困惑的內容都適用。你不只要學習正確的內容，還要學會解釋它為何正確。藉由放慢速度並要求你的大腦確實理解，你就可以不需理會死背的需求，並且在一個更深的層次上記得這個概念。

重要的是，這不僅意味著存取和記憶一段說明而已，而是必須靠你自己創造；就是這個*過程*，讓理解變得更容易。這個方法的好處在於若你擁有的先備知識愈多，它的效果就愈卓越，因為當你在學習新事物時，就會有更多的「支柱」可以作為基礎。

此技巧的複雜程度，可能就只和習慣性地追問「為什麼？」一樣而已。有時我們認為自己理解某些事物，但當被要求清楚地概述它的內容的時候（也就是名符其實地大聲說出來，如果可能的話），就會暴露我們的了解還是漏洞百出。如果你答對某個問題了，說明一下你是怎麼得出這個答案的，或是思考一下你會怎麼概略地向同學解釋過程。透過了解這些知識和方法，當你在將來碰上一個類似的問題得解決的時候，你也讓自己更有機會可以

重複地應用它們。

自我解釋也是一個相關技巧，而且它也有賴於你手邊最容易取得的資源：也就是你已經知道的事物。自我解釋會使用先備知識，來說明並理解新的知識。與其從零開始著手處理任何新資料，不如試著先為它找尋定位，放置於你已經理解的情境脈絡中。

我們當中有許多人甚至在還不知情的情況下，就已經在使用這個技巧了，但我們當然可以把它利用得更完整。這種方式的效率，在很大程度上取決於你先備知識的內容與程度；它在和其他技巧及方法並用的時候，效果最好。

使用既有知識來建構新知識的一個簡單方式，就是進行類比。如果你是個專業廚師，想要學習複雜的實驗室技巧，也許可以在兩者之間進行類比，把實驗室流程想像成一道「食譜」。

即便整理摘要所藉助的也可以說是相同的學習方式——但前提是，你在撰寫摘要的時候，所抱持的精神是為了要和其他人分享（也就是要教他們），所以才萃取出某個概念的精華。有些人發現在他們學習時，想像是「自己在教自己」這樣的想法是很有幫助的；這可以和提問或創意筆記一起並用。

當一個人在學習用某樂器彈奏新樂曲時，可能會發現自己卡

在某個特定的段落。他們會放慢速度，分析樂譜並且更仔細地觀察，會想像自己在向其他人解釋為何這首歌這麼難彈。藉由這樣的詳細說明，他們會知道需要學習的是什麼——可能是新的指法、或是手部的位置需要改變……等等。

這個人可能會接著在進行的過程中為自己心理輔導：「嗯……似乎沒有那麼順利……你覺得原因會是什麼？看一下你無名指的位置。從你上次學的那首曲子裡，你已經知道在用這種技巧的時候，無名指有時可能會礙事了……好吧，坐直再試一次，深呼吸，在第三拍的時候把無名指拉開，像這樣……。」他們反覆試驗新的方式，對自身的學習有動態的投入和回應，而不是心不在焉地不斷重複相同的行為模式，卻一點進步都沒有。

讓你的自我解釋進步的另外一個方式，是在嘗試學習的時候，使用具體的例子。當我們在學習如何有效率地寫筆記的時候，可以用這個經典例子——把一塊蛋糕分給三個小孩——來說明我們所學到的法則。義務論者會根據某種先入為主的法則來平分，例如「每個人拿到的蛋糕大小要相等」；然而，功利主義者會說，我們分配蛋糕的方式，應該是要將分蛋糕這件事所產生的幸福感最大化。所以，如果其中有個小孩肚子餓，但另一個小孩卻已經吃飽的話，前者得到的蛋糕應該要比後者更大塊。

這只是一個範例，但你可以用幾個不同的例子，來協助自己

對自己解釋不同的概念。如果可以，拿你的例子和別人討論，來取得意見和有建設性的評論。或者如果你有老師能問，可以請他們幫忙驗證你的舉例，來確認你對這些法則的應用，的確就是它們原本要傳達的意思。

加拿大滑鐵盧大學（University of Waterloo）的一項近期研究發現，「對自己複誦內容」這個說與聽的雙重動作，對你記憶訊息的幫助，會比默默地閱讀或書寫要來得有效得多；這是因為大聲說出來，對長期記憶的影響會比較深遠。一開始你可能會覺得自言自語有點尷尬，但這個只有這麼一處小缺點的技巧，可以讓你受用無窮。接下來這個大聲朗誦的技巧，毫無疑問地會對你的學習非常有幫助：

1）當你在閱讀筆記或主題文本的時候，在所有你認為重要的概念底下畫線。

2）等到所有筆記都畫好線之後，回到每個你畫線的概念，並將其內容慢慢地大聲唸出來，唸到你覺得足夠為止。

3）唸完之後休息三分鐘。在休息之後，把你畫線的那些概念遮起來，測試一下自己可以記住多少。研究已經證明，在接觸新訊息之後測試自己，可以改善你在未來的回憶度，因此這個步驟格外重要。

4）針對你無法記住的任何概念，重複上述步驟。

 # 費曼學習法

費曼學習法以知名物理學家理查・費曼（Richard Feynman）命名，是一種自我解釋的具體應用方式。它包含四個步驟。

第一步：選擇你的概念。

費曼學習法的應用範圍很廣，所以讓我們選一個在這整個段落中，都適用的例子：重力。假設我們想了解重力的基本概念，或是向其他人說明。

第二步：用簡單明瞭的語言，寫下這個概念的解釋。

這對你來說難不難？這個步驟真的很重要，因為它會揭露關於重力這個概念，你確實懂和不懂的地方。盡可能簡單但精確地解釋，就像要讓一個完全沒聽過這個概念的人，也能夠明白一樣。

你辦得到嗎？還是你只會說，「嗯，你知道的嘛……重力就是這樣啊！」這一個步驟讓你能夠看到自己的盲點，以及你的解釋是從哪邊開始站不住腳的。如果你無法完成這個步驟，那顯然表示你對它的了解不如你想像的多，而且也很難跟別人說明。你

也許可以解釋受重力影響的物體會怎樣，以及在無重力的狀態下，又會發生什麼事。但在這之間所發生的任何事，可能就是你以為自己知道，可是在學習的時候又一直跳過的內容。

第三步：發現自己的盲點。

如果你在上個步驟無法簡短描述重力的話，你的知識顯然就存在著巨大的斷層。那麼你應該研究重力，並找到一個可以簡單描述它的方法。你可能會想出像是「一種由於物體的重量和質量，而導致較大的物體吸引較小物體的力」之類的句子。無論你無法解釋的是什麼，它都是你必須改正的盲點。

能夠分析資訊並用簡單的方式將其分解，正證明了你對它的知識和理解。倘若你無法用一個句子來總結、或至少沒辦法簡明扼要，就一定還存在著你必須學習的盲點。

第四步：使用類比。

最後，為這個概念創造一個類比。若要在概念之間進行類比，則需要了解每個概念的主要性質與特徵。此步驟是為了證明你對它的了解程度是不是夠深，能不能用更簡單的方式來解釋。你可以把它視為你是否真的理解、以及你的知識中是否還存在盲點的真正考驗。

　　舉例來說，重力就是當你把腳伸進水池時，落在水面的落葉會被你的腳吸引，因為它所產生的作用幾乎是不可見的；這種作用就是重力。

　　這個步驟也在新資訊和舊資訊之間建立了連結，讓你藉由正在運作中的心智模型，來更加深入地理解或解釋。費曼學習法是一種快速的方式，可以讓你發現什麼是你知道的，又有什麼是你自以為知道的；它讓你得以鞏固自己的知識基礎。

 交叉練習

許多人可能認為，目前既定的學習某個技能或學科的合理方式，就是在一個完全不會被打斷的時間段裡學習該主題，就像在享用甜點前，要先把蔬菜全都吃完一樣。然而，本章的最後一種主動學習的方法，卻與這種方式背道而馳。

分段學習指的就是一次學習或練習一項技能，結束後才進展到下一項。在你完成學習一項技能的固定步驟之前，不會再往下走——你在學B技能之前，要先學會A技能；而在學習C技能之前，得先學完B技能。如果把學習的時間單位用一個字母來代表，這種作法建立的模式，看起來會像是AAABBBCCC這樣的排列。

交叉練習打散了上述順序，它會在學習過程中混合幾種相關技能的練習；因此，交叉練習的模式看起來是ABCABCABC的樣子。

舉例來說，初次接觸代數的學生可能會需要理解指數、圖論和代數的根。與其一次學完一個主題，他們可以從指數開始，暫時休息之後練習圖論；最後，在學習平方根的根數後，再回頭研究指數。在學習莎士比亞時，也能夠透過在劇作家的喜劇、悲劇

和歷史劇之間的切換，來切分學習階段。如果要再往上一個層次，你也可以在同一個學習時段中，同時研讀莎士比亞、數學還有非洲史。

和其他學習方法相較之下，交叉練習在一開始看起來可能毫無章法，感覺滿隨機的——但是實際上，最有效的是哪種方式？研究表明，其實在運動技能學習（motor learning，即身體運動）和認知工作（數學）方面，交叉練習的效果要優異得多。

和分段學習相比之下，交叉練習的優勢令人驚訝：實驗表明，交叉練習所產生的學習與記憶度，比分段學習高出43%。你可能聽說過一心多用的壞處，因為它會造成中斷，並且阻礙學習的流暢度。但當我們刻意運用的時候，「中斷」可能正是交叉練習之所以這麼有效率的原因。

交叉練習將學生趕出秩序和順序的舒適區。和維持學習階段的現狀比起來，這樣的中斷能夠在學生的腦海中，留下更深刻的印象。而且它也是一種檢索練習的形式：學生會更常定期複習他們最近學到的知識。要是我們能夠更常找到訊息、把它調出來複習、並且為它和其他我們已知的主題建立連結的話，我們就更有可能了解並記住該資訊（Blaisman, 2017）。

概念或問題的組合，會在它們之間建立並鞏固更強力的聯繫。學生經常會將概念視為和外界無關的獨立資訊單元，和其他

的單元之間並沒有什麼表面上的明顯關係。固定複習這些先前就已經涵蓋過的內容，可以促使我們發現這些關係，並且鼓勵我們在不同的技能和想法之間，探索意想不到的橋樑。

就像檢索練習一樣，交叉練習將知識帶*出*我們的概念庫，並且促使我們主動思考適合它們的位置。就像較小的分子擁有較大的表面積一樣，倘若想法是在小塊小塊的狀態下被接觸到的話，它們所擁有的「概念」表面積似乎也更大，而且感覺能夠和周圍活動及訊息的浪潮更緊密地連接。在這種情況下，與其說任務的切換是一種打斷，不如說它的作用是讓我們維持自覺，並且更積極地投入正在學習的內容。

交叉練習有雙重的好處。首先，它可以改善大腦辨別概念的能力。在分段學習的時候，你只要一知道解答是什麼，困難的部分就結束了。但在交叉練習中，你每次的練習都和上次不一樣，所以死背和反射性的回應是起不了作用的。相反地，你的大腦必須持續專注地尋找不同的解決方式。這個過程可以強化你學習技能和概念之重要特徵的能力，使其變得敏銳，也因此得以幫助你選擇正確的回應並執行。

交叉練習同時也會加強記憶聯想。你在分段學習時，一次只需要在你的短期記憶中，保有一種策略就可以了。但在交叉練習中，策略永遠都會不一樣，因為你的解決方式會隨著每次努力而

改變。你的大腦不斷奮力喚起不同的回應，並且將它們帶到你的短期記憶中。同樣地，這是一種積極且更具挑戰性的方式——它能夠強化你在不同任務與反應之間的神經連結，因而得以增強並改善學習。

　　交叉練習在以文本為基礎的學習中也很有效果，但也許會需要稍微進階一點的準備。我們必須記住的最重要訣竅，在於交叉練習與一心多用是不同的；你應該避免一心多用。不要讓你正在學習的學科涵蓋的範圍過於廣泛——在化學、英國文學和製陶術之間交叉練習，很可能根本是弊大於利，更不用說也許會搞得一團混亂了。

　　相反地，你應該在單一學習時段中，在多個主題之間轉換。試著規定自己在既有的學習時段中，必須處理幾種不同的視角或是主題——三個就已經足夠，但如果想要密集一點，四個也許也很合適——然而，一旦你開始學習了，就放任自己的直覺，讓它引導你在主題與主題之間交互變換。你也可以為每個主題設置計時器，但在某些情況下，強迫的人為限制對理解來說可能不甚理想。

　　即便你交叉練習的主題差異沒有太大，還是可以有一些彈性的空間。舉例來說，你可以同時閱讀英國文學、歐洲建築和希臘哲學，也不會對系統造成太大的衝擊。能夠激發我們發現連結的

主題更是特別有幫助——將藝術理論、藝術工藝及60年代的普普文化藝術史融合在一起，很可能得以更容易地產生共同的意義，讓這三個概念來共享。

我們在本章中所詳述的全部策略，都是在讓接收到的訊息動起來。我們不只是將它們儲存在我們的大腦中，然後接著接收下一個想法而已。我們反而會反過來對訊息提出疑問，進行比較，並用它來啟發其他訊息。透過立刻將新想法學以致用，並將已知的概念找出來、進行和新概念之間的連結，你就是在將教育轉化為加深其自身意義的行動。要是事情真的變成這樣，你想忘記都很難。

本章精華

- 專注在主動和有意識地投入新內容的技巧,向來都會產生更深層的理解,也讓人更容易回想起來。

- 所有人都在用的許多最傳統的學習技巧,對我們的學習其實都沒什麼幫助,包括做摘要、畫重點、使用記憶術、文本視覺化,以及重複閱讀。雖然它們在特定情況下可能有用,但也不是效果最好的。

- 更主動、更重視應用的技巧,才更有效率:練習測試、分散練習(在上一章有提到)、詳盡詢問、自我解釋和交叉練習。

- 在詳盡詢問時,我們會使用問題來確保對內容的深度理解,詢問「為什麼」和「怎麼會」來揭露表面看不到的因果連結和關係。這不僅是針對我們的理解而已,也有助於我們的記憶。

- 自我解釋也迫使我們更深入概念,讓我們從中「自學」,甚至還可能找到我們的理解中間的斷層。藉由向自己解釋想法、序列或概念,你就可以「從裡到外」地把它們學起來。

- 物理學家理查‧費曼啟發了我們,讓我們看看自己能否用簡單且直接的語言,來解釋任何想法;以這種方式來檢查自己的理解向來都很重要。如果你辦不到,一定是存在著某些概念上的落差或誤解。

- 交叉練習和傳統的看法背道而馳；它鼓勵你在單一的學習時間段中，替換不同的主題或技能。比起一次完整而獨立的分段學習，你可以透過混合主題來發展某種程度的認知敏捷度，並且強化主題之間的連結和關係。

- 當這些主動學習的技巧，是為了特定的學生、主題或手邊科目的適合度，而被應用的時候，它們會獲得最好的成效。上述的任何做法，只要它們是鼓勵深度而不是表層理解、並可以讓你在想法之間建立有意義的概念連結，不管是哪種策略都很適合。

Chapter 3. 主動學習的技巧

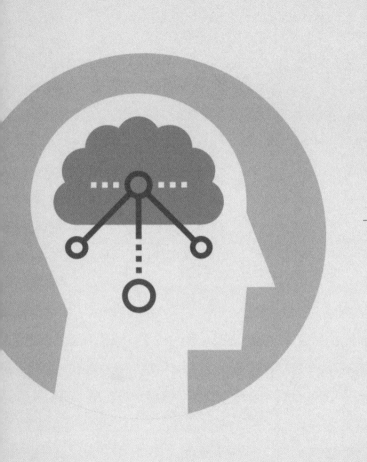

Chapter 4.

把學習當成次要目標

「倘若你在做某件事時，陶醉到都沒注意到時間的流逝——這就是能學到最多的方式。」——愛因斯坦是這麼告訴兒子漢斯的。

愛因斯坦曾和兒子說的那句簡單的話，蘊含了許多待挖掘的智慧，而且和本章的重點有直接的關聯。

這是一個直接了當的前提。如果你夠幸運，被一個方向或目標所吸引，而且它的實踐剛好必須以某種技能或知識為先決要件，你甚至根本不會注意到自己很努力地在學習和記憶。你的學習和專精，都會在追求該目標的過程中，變成第二天性。

我想要簡短重複一下我在其他地方說過的故事。我之前曾有個非常能夠自我激勵的目標，就是和西班牙語課堂上的女生潔西卡講話。她很常轉頭問我問題，因為她可能是唯一一個上課比我還要不專心的人——所以我發誓要加強自己的西班牙語，這樣她就會繼續找我說話。

為了吸引她的注意，我像個瘋子一樣地學西班牙文，甚至還研究了艱深的參考文獻和字彙，來讓她印象深刻。我當時並不知道，但我的確是把學習變成了我的次要目標，而追求我的目標，才是我的首要任務。每個我學到的新單字和片語，都能夠用來達成另一個目的。

學習變成一種副產品——這也許是學習最輕鬆的方式。

另外一個例子是我哥。在他成長的過程中，網路才剛開始流行。當然，有網路就會有聊天室、留言板，還有各種可以和不在你身邊的人通訊的方式；它為許多人開啟了世界。我還記得看到他坐在家裡的電腦前面，吃力地打字的樣子。

有一天，他下載了某種聊天軟體，我現在才知道那是美國線上即時通（AOL Instant Messenger）──就是那個聲名狼藉的AOL即時通，當年幾乎所有青少年和年輕人都會使用。之後可能才不到一兩週，在我經過他的電腦旁邊的時候，忍不住注意到他的打字聲有多吵、鍵盤又有多忙。自從下載了即時通之後，他的打字速度可能光在那個禮拜裡就變成了四倍。他開始沈迷於線上聊天，而那份沈迷很快就轉化為一種能力。

他把學打字變成次要目標，來追求他的主要目標──也就是可以更快地和朋友在網路上聊天！他唯一想要的，就是打字可以快一點，這樣他講笑話的時機才會剛剛好，而不會輸給朋友──他發現如果要辦到這件事，就得打字打得更快。如果去報名打字班的話，他的精確度和所謂的技巧也許會更好；但他的速度快得誇張，這一切都是即時通的功勞。

這裡是最後一個例子，來示範把學習當成次要目標可以如何把你引導到學習和知識，而且連你自己都沒發現。

這是我一個大學時期友人的真人真事。他還住在宿舍的時

候，剛好周圍的人都會彈吉他。他們都在十幾歲的時候就學會
了，還把吉他帶到學校，唱情歌給女生聽；有時候大家會把所有
吉他都搬到一個房間裡，像個樂團般一起演奏經典搖滾歌曲。

我朋友覺得自己落單了，所以他問室友們，如果他們不在的
話能不能借用吉他。室友說沒問題，因此他就開始自學吉他，練
習舍友們練團時演奏的歌。但這也不完全是因為他覺得被排擠或
渴望融入啦——他單純是把音樂視為一種有趣的團體活動，也希
望可以參與其中而已。

下次大家聚在一起團練的時候，他就可以一起同樂了。而且
當他們彈遍所有的練團曲目時，他還可以隨意跟著練習，並且在
不顯眼的地方小聲地彈奏；等到他更有信心之後，就可以彈得更
大聲。他開始常跟這些人聚在一起，吉他也愈學愈多、愈學愈
好，這樣樂團就能彈奏更複雜的曲子和獨奏。

這就是為什麼如果可能，你應該把學習當成次要目標；這是
另一個活生生的例子。想想看《小子難纏》（The Karate Kid）裡
面的丹尼爾，他就是在被強迫刷油漆和打掃之後，才明白自己其
實是在學空手道。

有了適合的動機，你就可以讓學習和獲取知識不再是一件苦
差事，而是成為通往你整體目標及滿足感的階梯上的一階。當你
的目標更大，更重要的是你專注於有效率地完成一件事情。你也

許不會那麼擔心細節，但最後還是可能得到相同的結果。

以此為基礎，你可以選擇刻意練習、複習和微調所有內容，但只要有正確動機，你的能力就能達到一定水準，甚至讓你脫穎而出。當你追求的是更大的目標，而不是為學習而學習、或是因為被逼迫才學習，那麼學習根本就不會那麼痛苦。我們在這裡，再次體認到了深度學習和表面死背之間的差別。

現在，假使你拿起這本書，（可能）是因為你的目標在於改善學習方式，不管你選擇學習的主題是什麼。這有點矛盾，但若要最充分地實現這個目標，幾乎就等於我們得*拐彎抹角地*追求它——也就是完全追求另一個目標。技能、專業和深度學習，都可能變成你在追求主要目標時的副產品。但要是相反過來就困難多了——也就是寄望光是在表層上埋頭苦幹，就足以讓你獲得愛因斯坦所說的那種深度理解和熱情。那麼，我們可以怎麼利用這件事？

你必須理解你最強而有力的學習工具是動機，而不是學習和知識。你必須透過樹木來看森林，並且了解你的行動所導向的目標，會帶給你怎樣的報酬和益處。基本上你所學習、或是想要變得更在行的每件事，都只是一種陪著你邁向主要目標或計畫的工具而已。你必須要知道為*什麼*，而不只是如何做。

你得更深入了解自己追求這個或那個目標的原因，並提醒自

己，它在你的生命中最終會帶來什麼價值，是比當下的成功這個標記更重要的。的確，你也許會想要通過接下來的護理考試，或是在競賽中得獎，但你這麼做是為了什麼？難道不是因為你從一開始就真的很熱心助人，並且想要有所作為嗎？

當然，並不是每種努力都需要有深層的意義，你才能用一些情境脈絡來強化它。無論目標是什麼，都有一些可以讓你「親臨其境」來投入學習的方式，而不只是依據既有的練習來照本宣科而已。

還沒有目標或計畫嗎？那就想出一個可以讓你想學會的技能變成達成的必要條件、但不是首要重點的目標吧。舉個例子，如果你想把地理學得更好，可以開始玩需要地理知識的桌遊。如果你希望自己的滑雪技巧進步，就去參加可以強迫你進步的當地小型比賽。要是你想打字變厲害，不妨去玩需要把字打得又快又精確的遊戲。倘若你想更快地學習一種語言，也許能試著觀看需要大量字彙的電視節目。

讓學習成為旅程，而不是終點。

值得一提的是，*總是依賴動機或靈感並不明智*。雖然上述想法可以為你的行動建立一個框架，並將目標置於情境中，以激發你的靈感；但無可避免的事實是，即便是我們最珍視的目標，我們有時也會需要一些紀律，才能踏實地一步步前進。擁有靈感、

興奮感和活力的感覺的確是很棒，但這會需要你一直保持正面與積極——然而，這並非永遠都是可能的。

這還會讓你處於擁有學習和專注的先決要件的心理狀態中。你必須覺得有靈感、有動力，或是剛好心態對了。不過我們都知道，事情一定不可能永遠都這麼順利。但幸運的是，如果我們知道已經設定了更遠大的目標，那麼就有很多方式，來彌補平常暫時缺乏動力的時候。

我想談一下我所謂的10分鐘法則。它有兩種應用方式。首先，如果你有什麼事情不想做的話，只要先做10分鐘就好，之後你就可以停下來。當然，你很少會做到10分鐘的時候就停下來，因為你已經累積了動力，也摧毀了讓你懶怠的東西——也就是惰性。

其次，當你想要停止一項工作，或是覺得今天就想到此為止的時候，在停手之前只要再做10分鐘就好。你也許不會做超過太久，但給自己一個明確的時限，會讓你想在那之前完成愈多愈好，也因而會讓你稍微更有效率。你的動力可能正在衰退，但你的紀律會讓你繼續工作。

本章要教你的另一個重點是，實際執行、親自發揮和學以致用，很容易成為學習時最重要的部分。學習金字塔中最被動的學習方式，所產生的記憶保留的效果最差（請見Chapter5.）。當你

在運用知識時，你在金字塔中所占的位置，就是積極參與的部分。當然這需要更多的努力，而我們之中的大多數人，都喜歡沿著阻力最小的路徑輕鬆地滑下去。

自己捲起袖子、全力投入，可以讓你找到光憑觀察和研讀永遠沒辦法發現的模式以及建立的連結。我甚至敢說，如果你沒什麼直接經驗，就絕對無法精通任何東西。由身為人才研究者與科學家的丹・科伊爾（Dan Coyle）所建議的三分之二法則，在學習或養成新技能的時候最有效率。你應該花三分之一的時間來閱讀和研究，另外三分之二的時間用來實際動手做與應用。

倘若你只靠看影片和閱讀教材來學吉他，能學到的頂多就只有那樣。要是你沒有主動練習，絕不可能第一次拿起吉他就彈得跟吉米・漢醉克斯（Jimi Hendrix）一樣，想都不用想。如果你是個完全的新手，那就得從研究開始熟悉基本規則和範圍，接著再動手去做。

若沒有經驗的支撐，從研究得來的知識本身毫無用武之地。當你將兩者結合起來時，就會獲得直覺和判斷力，這往往才是真正的目標。

Chapter 4.　把學習當成次要目標

理解的六個層面

　　所以，與其為了學習而學習，我們反而是在追求一個目標，或是某種更深層的理解，接著我們的學習就會水到渠成。你達到的心理狀態令人羨慕，甚至在自己沒有察覺的情況下，就能夠自然而然地讓技能進步，並且增加知識。比起迫使自己完成你沒什麼興趣的學習過程，這麼做更有趣，而且——沒錯，這樣有效率得多。

　　想想上一篇的愛因斯坦。我們今天知道的他，是個傑出的物理學家與思想家；他得以跨越自己正在研究的科學領域中，所發現的智識上的侷限。他的思想和貢獻，將整個世界帶進了一個全新理解的時代。

　　現在，你覺得愛因斯坦是某天沒事坐著的時候，就突然決定要提高自己的學習效率，這樣才能有更好的記憶力、可以閱讀得更快，或是得以增進他的學習技能的嗎？還是你覺得他一開始就是整間研究室裡最聰明、最博學的人？不是的，他的動力遠遠不僅於此——他是真心地想要了解。他受到啟發之後想知道更多，渴望了解宇宙，並解釋它的運行——對他來說，理論物理學只是一種方便的工具而已！

因此，若要讓你的學習進入下一個層次，你需要連結到能夠驅動自己行為的更深層理解的層面，而不是專注於學習本身的技巧。這六個層面最初是由格蘭特·威金斯（Grant Wiggins）和傑伊·麥可泰格（Jay McTighe）所提出的，他們認為學習的重心應該要放在這些構面上，而不是把學習當成首要的目標。

說明（Explanation）

為什麼太陽會從東邊升起？如果得了麻疹的話，你的身體會有什麼反應？第二次世界大戰發生的原因是什麼？當你在熟悉將自己的觀察全部結合在一起的「整體概念」時，就是在學習*解釋*。你看見了情境脈絡，以及存在於更大網路中的*關聯*，這會推動你的學習。你會看得出一個人的心理與其家庭或文化之間、或是某種動物的行為和牠所處的生態系統之間的關係。

這是推理和理論的基礎——我們取用訊息並以其編造一個故事，一個能夠解釋並闡明我們正在談論的內容的故事。所以不要只是坐著吸收枯燥的訊息，而是要把這些知識視為一個更大、更有趣的整體一部分，能夠幫助你理解現象的原因和過程。

詮釋（Interpretation）

你看著二次世界大戰期間創作的藝術品，並且在知道自己對

該歷史時期了解的情況之下，試著去理解這些影像，試著看見符號背後的感覺和意義，並且樂於產生不同的解讀方式。你讀了一篇佛洛伊德的文章，並且考慮到就你所知的他和母親的關係之後，來思考他的論點。又或者是你創作了一首以某部小說為靈感的樂曲——也就是將想法從一種媒材，「詮釋」或轉化為另一種媒材。

應用（Application）

也許你正在學習超無聊的法律史，或某些制定特定政治法律的細節。在你了解這些法條是立來*做什麼*的之前，感覺似乎就很無趣。有些人會把學習的重點，放在技能或知識的實際應用上。

因此，我們學習農業的原因，是為了生產品質更好的食物，來供應國內所需。我們會學習寫作並不是出於在乎語言本身，而是想讓溝通更有效率、能夠清楚地傳達自己的訊息（重要的是訊息，而不是媒介！）。重點在於目的與功能。

觀點（Perspective）

學習歷史和人類學也許很無聊，但是去想像這個世界對石器時代的人來說看起來是什麼樣子的、或是世界上有一群生活方式和你完全不同的人，卻永遠都不會無聊。如果從「另一個角度」

來看，你的論點看起來會是怎樣？對完全不同意你的人來說，你的論點看起來又是如何？

當我們學會從某個觀點來觀察的時候，就能夠拓寬自己的視野，還可以讓自己獲得批判性思考。我們可以將個人的假想和偏見看得更清楚，並且利用學習來完成一些神奇的事情——也就是進入他人的內心世界。

同理心（Empathy）

理解的這個層面即為同理心，也就是能夠對他人的經歷感*同身受*、而不只是在理智上了解的能力。讓我們想想珍古德（Jane Goodall），以及她在理解動物行為這方面，所有的驚人發展；因為她在工作的時候，對一起工作的動物所懷抱的，是溫和且富有同情心的好奇心。她的理解是出自於同理心。

對於同理心經常能夠激發我們的學習和理解的這件事，我們是低估了它的效果。畢竟，同理心就是對我們同樣身為人類的了解——不只是透過人文與藝術而已，還包括理解任何和我們有所差異的人，無論是小孩、動物、過去的人類，或是來自完全不同文化的人。

自我認知（Self-knowledge）

最後，能夠驅使我們去學習的，是更了解*自己*的欲望。許多社會理論家、科學家和哲學家，都是以本人的生活為起點，在開始了解自己的內心世界時，無意中發現了世界原來更遼闊。

有多少心理學家是因為想要了解自身的大腦、個性或心理創傷，才學到了自己現在擅長的內容？歷史學家會研究過去事件的原因，大概是因為該事件對他們的曾祖父母所造成的影響；科學家可能會解開他們孩子所患的遺傳疾病之謎；律師也許會深入研究特定的法律領域，因為這或許和她自身想理解的個人過失有關。

這六個理解的構面並不分層級，沒有孰優孰劣。學習是我們達成目標的方式，但理解才是*原因*。那些還沒有更深層的理解目標，就開始學習的人，可能會發現他們的努力很空虛而且毫無吸引力；但是真正渴望了解更多的人，可能會發現自己對學習的全神貫注，正如同愛因斯坦所描述的那般。

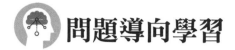 問題導向學習

關於新手金屬技師有一個都市傳說。他們的師父要求他們為一個完整的金屬塊雕塑出複雜的結構，但是只能使用手工具而已。就在他們達成這個看似不可能的耗時任務之後，你猜學生們實現了什麼？他們變成了真正的手工具專家。

那麼電影《小子難纏》裡有名的宮城先生呢？誰忘得了他是怎麼教學生去做一些繁瑣的體力活的？然而，當這個目標達成之後，結果卻是丹尼爾學會了空手道的基本。

藉助於解決問題或達成目標，學習就會變得不可避免。

問題導向學習（Problem-based learning，PBL）意即從一個需要解決的問題開始，並在解決問題的過程中強迫學習。你試圖完成的目標，必須透過學習才能達成。但與其直接開始學習X，它的概念是將你的目標設定為解決Y問題，然後在這個過程中，一邊學習X。當然，這單純只是將學習轉移而已。

通常，我們學習訊息和技能的方式是線性的。有種傳統方法在學校經常被使用：知識被提供給我們，我們把它背下來，然後我們會得到該知識是如何解決問題的示範。這甚至也是你組織自己學習的方式——因為你不知道任何其他的選擇。

PBL需要你認清自己已經知道關於問題的哪些部分、還有哪些知識和資源是你仍然欠缺的；你要弄清楚自己應該如何、並從哪裡取得仍然欠缺的新訊息，以及最後怎麼運用它們拼湊出問題的解答。這與大多數學校所教授的線性方式大相徑庭。我們可以透過我在青少年時期失敗的愛情冒險，作為我們的借鑑。

我想要讓*西班牙語班上的同學潔西卡*印象深刻。這種動機崇高又強大，向來都是男了生命中許多改變的推動力。我們修同一門西班牙語課，我很幸運，就坐在她正後方。原來她對西班牙文沒什麼興趣，所以常常轉頭問我問題。

我一開始會被她的眼神所吸引，但隨後就覺得有點沮喪，因為我發現自己不知道該怎麼回答。*如果她開始問班上其他男生怎麼辦？我才不要！*

因為一直惦記著這件事，所以我開始認真學習西班牙語，這樣才能讓她有更多理由，可以繼續轉過頭來跟我講話。一旦你的動機對了，就會厲害得連自己都很吃驚；和其他同班同學比起來，我很有可能是那個學年裡進步最快的人。更誇張的是，我還會查一些艱深或複雜的片語；萬一剛好有機會的話，還可以讓她留下深刻的印象。

我製作了一大組學習卡，在一開始的時候，每張卡片的背面只有一個詞而已。但到了學期末，同樣的背面都變成了三到四個

句子，而且全是用西班牙文寫的。我這堂課拿了A+，在我的高中生涯中算是屈指可數，但我和潔西卡一點進展都沒有。

這就是PBL的經典案例──我想要解決X這個問題（潔西卡），結果卻在進行的過程中學到了Y（西班牙語）。

當然，對我們來說，關鍵在於你花時間來仔細思考如何解決問題，這麼一來，你所學到的，就能夠協助你達成目標。就像如果你想精通一組新的吉他音階的話，就嘗試彈一首包含該音階的困難曲目──就是這麼簡單。你會看得出來，和單純地讀教科書或聽課相較之下，專注在解決問題上為何能夠賦予更多的幫助和教育意義。直接經驗對學習絕對是有好處的。

自從約翰·杜威（John Dewey）在1916年的重要著作《民主與教育》[2]出版之後，PBL就不停地以各種形式出現。杜威書中的基本前提之一，就是從做中學。

快轉到1960年代，PBL有了現代的開端。醫學院開始用真正的病患和病例，來培訓準醫生。事實上，這到現在仍然是許多醫學院的學生，學習診斷以及治療病人的方式。他們並沒有記住沒完沒了的知識和數字，而是經歷整個診斷的過程，並從中獲得訊息。由此培養的實力，就和閱讀寫筆記有所不同。

2　Democracy and Education: An Introduction to the Philosophy of Education，網路與書出版（2006）。

　　他們應該問病人哪些問題？需要從病人身上知道什麼資訊？必須進行哪些檢查？檢查結果代表了什麼？這些結果如何決定療程？藉由在PBL的過程中提出並回答所有的問題，醫學院的學生最後就學會了如何醫治病人。

　　想像一個醫科學生遇到以下狀況：一個66歲的男性患者進到診間之後，告訴醫生自己最近經常呼吸急促。那麼面對這張空白的畫布，他接下來應該要進行什麼步驟呢？

　　除了患者的病例、個人與家族病史之外，這個學生還會想知道症狀已經持續多久、在一天中的哪個時候最嚴重、病人的什麼活動會造成呼吸急促，以及還有沒有任何因素會讓症狀惡化或改善。接下來的身體檢查就變成專注在問題上：檢查血壓、聽診心肺音、檢查腳是否浮腫……等等。接下來，這個學生得決定需不需要任何醫療檢驗或X光片的檢查，再依據上述的結果，來決定治療的計畫。這還只是針對初學者而已。

　　如果教授希望學生學會如何處理潛在的心臟問題，那他們就已經達成目的了。藉由將他們的觀察技巧運用在現實世界的病例上，學習本身就會變得更真實、更容易記住，也更能加深醫科學生的投入。研究顯示，當醫學系學生的學習是問題導向的學習時，他們的臨床推理及解決問題的技巧都會進步；學習會更深入，並且整合概念，以對整體的知識內容，達成更完整的理解。

PBL強迫學生掌握答案和方法，並且以完全不同的方式，來吸收一個概念或一組訊息。與其單純解答X，他們必須想出能夠推導至X的整個方程式。這涉及了一種對探索與分析的深度理解——比起單純只是反芻而已，上述兩者都更容易達到融會貫通的程度。

PBL也更能產生自我激勵，因為它不只是為了學習而學習，而是真正需要解決的現實生活事件，也會在現實生活中產生結果。

我們在「現實世界」前往學習目標的過程中，通常不會有案例場景、或被分配到小組報告（至少不是小學生的那種），來幫助我們學習。無論我們有沒有意識到，都能夠藉由將學習導向特定的目的，來為自己設定好強化學習的定位。以下是一些例子，說明如何尋找必須由你來更進一步學習的問題。

膳食計畫。舉例來說，你想要解決的問題，是吃晚餐的時間太晚，而且又亂吃一通。你會選擇這個任務，是因為除了解決不必要的壓力和焦慮的這個問題之外，你還能學會成為一個從各個方面來說都更優秀的大廚。你想要解決的是X（亂七八糟的晚餐），但在過程中也順便學會了Y（怎麼把菜做得更好）。

那麼，你會採取哪些措施，讓自己在廚房裡變得更駕輕就熟

呢？建立膳食計畫系統是其中一個方式，讓你得以嘗試新的食譜和技巧。首先，你得先確定在這個問題中，有哪些部分是你心裡已經有數的。你們全家人都得吃飯；食譜應該很不錯，也許可以先從簡單的開始，再慢慢深入。你需要烹製這些食譜的食材，何時該做哪道菜的計畫表，以及如何處理更高階技巧的策略。

你還需要知道什麼？你需要食譜本體和食材清單。你需要一份哪天煮什麼晚餐這類的有條有理的計畫，月曆也許很合適；你可能還會想要確定自己想學哪些特殊技巧。

你要從哪裡獲得新資訊，來解決這個問題？也許你可以從詢問家人開始，請他們告訴你自己最喜歡的三道菜是什麼，接著就可以到Pinterest上去找一些食譜。你可以從那邊做一張購物清單，也許是用筆記本、也許用電腦裡的Word文件檔，又或是你找到的購物應用程式。然後，你需要把餐點的安排記在日曆上。這裡也是一樣，你可以用電腦做，也可以找到免費列印的膳食計畫表格或應用程式。為了節省更多時間（還有預防衝動購買），你也許會想試試看線上採買食材，然後宅配到家或到店取貨。你需要想一想如何學習新的烹飪方法：閱讀、看YouTube影片、上烹飪課……等等。

透過制定一個策略計畫來提升你的烹飪技巧，你就可以藉由PBL來解決你混亂的用餐時光了！你確定了自己已經知道的部分

（你需要關於學習哪些新技巧的想法、餐食的點子、食譜，還有一張購物清單），也找出了你還需要知道什麼（也就是那些技巧本身、特定的食譜、食材清單和一份膳食日曆），以及你要上哪找這些資訊（問家人、Pinterest、應用程式、書籍、網路和電腦……等等）。

你不僅為全家人接下來的餐點制定了計畫，還設計出一個策略，可以繼續一週接一週、一個月接著一個月地運用，同時還能學習新的技巧並增進你的廚藝。藉由打造一個膳食計畫，你可以省下時間、省下金錢，還可能看見兵荒馬亂的程度逐漸降低，家人也對晚餐愈來愈滿意。這就叫做一石二鳥。

問題導向學習這個方式提供了一個有用的框架，以深思熟慮、組織完整的方式，來處理問題、挑戰或難題，讓我們藉此學習新技能或新資訊。你可以把PBL視為像上述的例子所示範的一系列步驟。

1. 界定你的問題。

2. 確定什麼是你已經知道的。

3. 列出可能的解決方案，並選擇成功機率最高的那個。

4. 把它的步驟細分為行動要項（畫出時間的先後順序通常會有幫助）。

5. 確定你還需要知道什麼，以及如何得到那些資訊。

PBL有一些特別的優勢。你不只更能夠記得已經學過的內容，而且和採取比較沒那麼專注的方式比起來，你通常在面對問題和解答的時候，還會有更深刻的理解。雖然問題導向學習看起來步驟太多，而且也很花時間，但從長遠來看，PBL往往會為你節省更多時間，因為你不是隨機地在嘗試一個又一個比較沒那麼深思熟慮的解決方案。預先計畫和有系統地規劃最終可以節省你的時間，而且往往還可以省錢！這就是直接解決問題的好處——你可以直接正中最重要的核心。

PBL幾乎可以應用在你生活中的任何一個方面。對於如何針對你想學的東西來設計一個問題或目標，你可能需要發揮一點創意；但是這種學習技巧，能讓你的進度一飛沖天。

 # 遊戲化（Gamification）

另一種讓學習變得和你切身相關並給你激勵的方式，就是*遊戲化*的概念。遊戲化指的是運用一些原理，在非遊戲的情境中，加入令人上癮的遊戲。舉例來說，辦公室環境的遊戲化，可能可以設計成當人們在工作上，完成了特定數量的時數或里程碑時，就可以「升級」。這可以在兩個方面激勵人們：他們可以隨心所欲地升級，並達成實際的工作里程碑。

人往往很難因為職責或義務，就變得充滿幹勁。那就是遊戲化最能派上用場的地方──如果你能讓人們專注在升級，就可以激勵他們達成自己的工作里程碑──但這只是因為他們想要升級，所產生的副產品而已。舉個例子，假設只要有人做成一筆生意，就可以獲得一分；如果累積的積分夠多，他們的稱號就會從鮭魚業務、鮪魚業務、鯊魚業務、鯨魚業務，一路晉升為漁夫業務。遊戲化背後的概念，就是讓人們在乎這些等級，然後在這個過程中，也讓他們在乎起自己的銷售額。

從積分、榮譽勳章、酬賓制度和提供給升級者的獎勵中，無時無刻都可以看到這一點。實際上，這根本與積分或勳章無關──重點在於激勵人們去執行能夠讓他們得到積分或勳章的潛

在行動。它在於讓你的進度有一些外顯的標記，這本身幾乎就會讓人上癮。沿著既定路線逐漸升級的感覺，可以讓人感受到強烈的動力，並且讓人們不斷地挑戰自己的極限。

遊戲化為學習打造了極度肥沃的土壤，因為它讓人們忘記自己正在分攤的惱人工作。相反地，他們會專注於獲得積分，因而以整體來說是有所提升的。

你可以創造出這種效果——也就是你在學習的時候，實際上是有獎勵的，而不是覺得煩惱、精疲力竭。

讓我們舉一個確實帶來了幾百萬美元收益的知名範例：麥當勞的「地產大亨（Monopoly）遊戲」就是一個遊戲化的策略，顧客每次在麥當勞買東西都會得到貼紙，而這些貼紙有兩種用途。第一是它們可以用來完成一份地產大亨的地圖，地圖的完成度愈高，贏得獎品的機會就愈大。第二是有些貼紙本身就可以兌換獎品和禮物，例如免費的漢堡及飲料。

試圖完成地產大亨的地圖或贏得免費的贈品，對許多人來說已經變成一種沈迷了——因為根本只要在麥當勞多花一點錢，這些就都就可以實現。麥當勞希望的結果顯然是提升銷售額；只要讓顧客把重點放在地產大亨遊戲的進度上，他們就可以成功轉移人們的注意力，模糊了「要不是因為這樣，大家就不會花那麼多錢買麥當勞」的事實。人們看得見、也嘗得到他們在遊戲中的進

度——因為他們能看見自己的地圖目前的完整度，也確實會相對頻繁地吃到免費的食物。

免費食物是一種短期的立即獎勵，讓顧客每天都會回來光顧；而完成地產大亨的地圖則是長期的獎勵，讓人們每年還是會繼續玩下去——它讓這整段冒險有了目標。這兩種獎勵的同時存在非常重要，因為它們可以合起來解決短期目標的無趣，和長期下來對正向增強的缺乏。

因為這個遊戲化的策略，讓人們忽略了一個事實——即顧客基本上在麥當勞花了很多錢，所得到的實質獎勵卻極其微小——他們的獎勵就是在遊戲本身中有所進展。在2010年，光是用這個策略，麥當勞在美國的銷售額就增加了5.6%。這就類似於為什麼園遊會的遊戲會那麼賺的原因：人們會花一大筆錢去丟沙包，把堆成金字塔形狀的鐵罐撞倒，結果獎品的價值才不到一美元。不過重點不是獎品的價值，而在於達成讓金字塔全倒的這個目標。

這跟學習的痛苦無關——重點在於遊戲和你本人的進度。其他的一切都變成次要，但即便它不是你最關心的事，卻仍會占據你不少的心智頻寬，升到下一級的滿足感是一種強大的心理獎勵。我們可以預期、接著感受到這種心理獎勵，然後就會立刻想藉著努力再升一級，以獲得更多這種感覺。這會讓人上癮。

你可以如何將你的學習遊戲化，並創造短期和長期的獎勵？

這不一定代表你要幫自己劃分等級或頒給自己徽章，因為這如果是靠自己產生，運作方式並不會完全相同。這可能因人而異，而且若有其他人的參與，效果也許是最好的。我個人體驗過的最棒的例子之一，就是追蹤運動紀錄的工具。

很多專精於交叉訓練的健身房都用SugarWOD這個手機應用程式，來紀錄每次運動的統計數字和表現水準。光是在運動結束的時候輸入這些訊息，就已經夠有激勵的作用了。而且它還是一個社交平台，讓使用者可以查看朋友的運動並提供回饋。裡面甚至還有標準化的表現等級，這樣你就可以比較一下自己和別人的運動，看看自己表現如何。最後，追蹤有進度的進步，能夠帶給人難以置信的心滿意足與充滿動力的感覺。也許社交壓力也是一個良好的學習動機。

當然，有時候遊戲化也不是那麼適合——即便是最熱衷、最好勝的人，一旦他們發現積分、徽章和等級，和現實生活中的任何事物都沒有相關的時候，就會覺得很無聊。遊戲化是很棒的工具，可以讓你激勵自己，去享受通常是個苦差事的過程——但它永遠無法取代決定*一個真正有價值的目標*這樣的需要。不過反過來想，如果你可以將一個有價值的目標，和偶爾的遊戲化結合起來的話呢？這樣就兩全其美了。

在一個理想的世界中，學習本身就是能夠激勵我們所有人的

報酬。覺得自己很博學，知曉世界上包羅萬象的事物——這種感覺不是很美妙嗎？人類將有歷史以來的知識寫成了那麼多書，倘若你把所有閒暇的時間都花在閱讀上也無法全數吸收，不是很可惜嗎？

　　不過，如果你辦得到的話，就不需要像本書這類型的書籍啦。當你不需要去思考學習行為本身時，學習才是最有效的。

本章精華

● 有個萬無一失的方法可以增進學習，就是表現得你根本不覺得自己是在學習。當你把學習變成次要目標時，學得更快、更容易的方式，就是把技能和理解的增加當成是一個副作用，是你在做其他讓你禁不住投入到忘我的事情時，所產生的副作用。

● 當我們有更深入、更廣泛的渴望，想要理解自己正在學習的事物時，就更有可能實現我們的特定目標。理解有六個層面，它們全都不只是表面學習而已。

● 能夠讓我們產生動力的，有**說明**（XYZ會發生的原因是什麼？）、**詮釋**（這些資料能夠如何從X的形式轉變為Y形式？）、**應用**（我實際上可以用這些知識做什麼？）、**觀點**（我還能從哪些其他方面看？）、**同理心**（另外那個人是怎麼看的？）和**自我認知**（我是誰？）。

● 如果我們可以利用自己最強大的動機，來理解眼前的相關內容，就更能夠為我們的研究找到動力、熱忱與理解。

● 以問題為導向的學習，關注的是知識在真實世界的應用。這讓我們投入了問題與解答、以及因與果的實用世界。我們會因為想繼續掌握並且熟習我們的技能，而變得全神貫注。

● 遊戲化是一種讓學習變得有趣，而且幾乎像是附屬品的方式。

遊戲化在一個非遊戲的情境中，運用了遊戲的原理。當遊戲規則很明確時，它的效果最好，其中會有一步一步的明顯線性進度，獎勵也是即時且與付出成正比的。遊戲化非常適合補充被耗盡的動力，也可以讓每天的學習更好玩、更有樂趣。然而，它還是無法完全取代更深層的動機或目的。

Chapter 4.　把學習當成次要目標

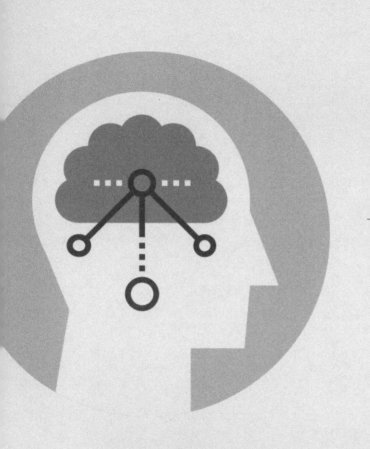

Chapter 5.

透過教學來學習

　　你也許會覺得奇怪，為何一本關於學習的書，會包含一個討論教學的章節。但與其說教學與學習是對立的，它們實際上是同一個過程的兩個構面——比起只從單方面來檢視要學習的內容，我們會在理解兩者的同時，獲得更全面的正確評價。

　　觀察其他人如何將資訊綜合起來，具有意想不到的價值。

　　首先，你會先看到其他人如何學習並吸收訊息，有時還可以明顯看出一個人在*頓悟*的時候發光的表情——這在學習的過程中，算是不小的成就。

　　接著，你將會了解教學行為是如何增強教師的學習。在觀察人們如何整合資訊的同時，你就能夠改進*你自己*的整合方式。了解一體的兩面是很有用的練習。當然，這就是你在教別人的過程中，可以幫助到你自已的學習。本章就是在告訴你為何**學會有效率地教會別人**本身就是很棒的學習方式——而且它常常是個很實用的技能。

Chapter 5. 透過教學來學習

 學習金字塔

知名的學習金字塔——也稱為「經驗金字塔」——解答了為什麼能夠教學,是極其重要的。事實上,我們之前所談論的,大部分都圍繞著這兩個極端之間的範圍:被動學習的效果比較不好,主動學習的影響力會比較大——而這也是學習金字塔包含的內容。

有些人可能會視其為真理,但其實單純把這些數字看成粗略的指標,才是最有幫助的。然而,它們仍然依據學習者能夠留存的記憶程度,來呈現各種學習活動所產生的不同結果:

- 當學習者立刻把所學的內容教授給別人,或是馬上使用剛學習到的技巧的話,他們就能夠記得所學內容的90%。
- 若他們能夠應用自己所學的內容,則可以記得75%。假使參加的是小組討論,可以記得50%。
- 如果他們看到了示範,就能夠記得30%。
- 從視聽素材學到的內容可以記得20%。
- 從閱讀學到的內容可以記得10%。
- 聽講學到的內容,則是5%。

這些數字並不準確,甚至也不一定經過證實;而且與大多數的現代教育理論或模型一樣,學習金字塔也得面對它的反對者。然而,它*確實*呈現出一個真實的整體趨勢:你參與得愈多,就學得愈好;盡可能積極並仔細地思考。

毫無疑問地,**教學**是我們能夠與新資訊互動的方式中,涉入最深、參與度最高,也是最*不被動*的類型了。就像自我解釋和費曼學習法一樣,教學不只能夠讓訊息在你腦海中扎根而已;它迫使你去了解,到底有哪些內容是你能或不能說明的。自己教自己很好,但能教別人的話更棒。

教學會顯露出你對知識中間的斷層。指導和解釋的必要,讓你沒辦法用泛泛之論來搪塞:「對啊,我完全知道那是怎麼回事,不過這邊我們要先跳過。」如果你在向別人說明一個過程,這麼做是行不通的——你得知道每一個步驟如何運作,以及它們之間的關係是什麼。你也會被迫必須回答你正在教授的內容的相關問題,並且釐清想法之間的確切關聯。

必須解釋事情的來龍去脈,基本上就是對你的知識的一項測試,你要嘛知道,要嘛就不知道。如果你無法向別人解釋如何複製你所教學的內容,那麼實際上你自己也不是很清楚。無論出於什麼原因,直到你被迫證明之前,都會很容易覺得你對某件事情的了解程度超出實際的情況。

　　讓我們以攝影為例。根據學習金字塔，閱讀和聽課加起來會占你所記得知識的15%，這是有道理的：你能從教科書或講台上學到的攝影知識，也就只有這麼多而已。視聽素材和觀看示範——哪個角度看起來會是如何、怎麼透過電腦來過濾影像——對學習拍攝和處理某些照片更有幫助。以攝影為題的小組討論會激發一些難忘的想法；當然，花時間練習拍攝和輸出照片，會讓你對自己的經驗留下深刻的印象。

　　現在，讓我們來看看位於金字塔底部（或頂部，取決於你的金字塔是怎麼畫的）的那部分關於教導別人的觀點。你是在強化別人的基礎知識，說明攝影的原理、類型以及大致的法則。理論上，你正在照看所有學生的金字塔的上層（或下層）部分，並且使用你對攝影過程的知識，作為所有人的路標——而這甚至不包括你在正式教學前的備課時間。

　　所有的這些教學活動，都能夠活化你已經知道的知識——還記得我們說過，從腦海中把東西找*出來*，會比把東西塞*進去*，所得到的還要多嗎？學習金字塔那90%的區域就是這麼回事。你正在主動地提取自己先前學過的知識，將它調閱出來之後再重新塑造，目的是為了讓他人得以理解並學習。這會反過來強化你的所知，並且加深你在此過程中的經驗。

　　你在用簡化並濃縮的方式，來大聲解釋和推理的時候，甚至

可能會讓自己覺得處處都是驚喜——這種事很常發生。將模糊的概念轉化為具體的文字與影像，往往可以對*你的*理解產生闡明的效果，更不用說是對你的學生了。教學迫使你打造出小單位的內容，並且傳授他人如何複製——你可能會發現比起解釋理論或概念，這項任務是非常不同的。

門徒效應（The Protégé Effect）

「透過教學來學習」並不是什麼激進的概念，甚至也沒有特別新。在教育領域，它已經被認為是最好的學習方式之一了。然而，教學對教師的幫助這麼大的原因，還存在著另一個因素。

近期的研究引發了學者所謂的「門徒效應」。這個過程證明了，要負責教導他人的人，會更努力去理解、回憶，並且以更精確有效率的方式，來應用所學的內容。在這項工作中，需要將自己的知識和理解發揚到另一個人身上的這個部分，會讓你更有創造力、同理心，並且抱持著更寬闊的胸懷。因此，會教別人的學生，他們的考試分數通常比不會教別人的學生要來得高。你覺得這可能是什麼原因？

為了增加此效應的效益，科學家們開發了虛擬門徒，來接受學生的教學與輔導。這些虛擬門徒就是所謂的「受教者」（teachable agents，也稱為TA）。史丹佛大學的研究者們身為這種科技的搖籃，對TA的說明如下：

「學生透過打造一張充當其TA『大腦』的概念圖，來教導他們的TA。而人工智慧引擎則透過來回探尋在概念圖中的連結

和節點，使TA能夠以互動的方式，來回答向它提問的問題。TA在推理的同時，也會活化它正遵循的那條路徑，因此得以為學生提供回饋，以及一組看得到的思維模式；學生就可以依據這些回饋，來修正其TA所學到的內容（因而也一起修正了他們自己的知識）」。

因此，和TA一起學習的學生所處的位置，和他們平常在典型教學典範中的相反——他們不是學生，而是老師。TA與真正的學生極其相似，而且就像主動的學生一樣，他們也會問問題，甚至還會答錯。實驗顯示，使用TA的學生，表現明顯優於那些學習只是為了自己、卻沒有TA能夠作為其回饋的同儕。

史丹佛大學的科學家，研究了TA對八年級學生在學生物時的影響。一些學生被要求學習生物學的概念，來教導他們的TA；其他學生則必須想出一張概念圖，來示範他們對這些概念的理解是如何組織的。簡而言之，比起為了自己，學生在為了「教」TA而學習時，會付出更多的努力。他們感覺到的責任感和義務已經超越了自身，這讓他們在自己的專業知識上，投入額外的心力——因為你的弟子就靠你了！

史丹佛的科學家們認為門徒效應的力量主要歸因於三種因素：

作為自我保護的緩衝（The ego-protective buffer）。這是一種心理上的保護，讓學生就算在檢視錯誤時，也不會感受到它通常會產生的負面感覺。這是一種強大的後設認知（metacognitive）力量，因為學生會更傾向於省思他們的學習，同時在情緒上卻不會有失望的痛感。它幾乎就像一堂速成班，來培養成長的心態，並且以建設性的方式來接受失敗。

理解力的漸進主義觀點（Incrementalistic view of intelligence）。當學習的過程被導向外部，以支持其他人的學習時，學生會花更多時間來檢視他們本身的理解。這可以幫助學生了解複習和修正自我的洞悉，能夠如何影響他們自己的學習。

責任感。教導另外一個人——或是在此範例中的虛擬TA——能夠激勵學生更完整地掌控自己的學習過程。當他們意識到他們所說的，將被另一個也能夠思考的個體吸收時，便會從一開始就更鉅細靡遺地把訊息搞懂。當我們對學習過程所採取的，是有所自覺的態度及主動的掌握時，學習就一定會更有效率，因此教師們自然而然會被鼓勵這麼做。

我們這些不是教職或輔導老師的人，並非全部都有機會可以

直接與有意願的學生分享我們的知識。然而，再度多虧了科技的奇蹟，你可以找到大量線上網站的留言板或論壇，上面到處都是你可以回答（或至少是你可以*找到*答案）的問題。

　　Quora.com是個很適合入門的網站——儘管它的性質有點難以駕馭——使用者真的就只是在對網際網路這個蜂巢思維提問而已。很多問題都非常一般，有些則是酸民和狂粉在釣魚，但這些都很容易過濾；剩下的大多數問題，就是認真想要找答案的。這是一種與他人分享訊息的好方式，速度快到令人難以置信——但更重要的是，它讓你能夠獲得門徒效應的報酬，讓你可以學得更好。

提供理想的意見回饋

　　當我們以教學為目的來學習時，會為自己把內容分解成幾個簡單且容易理解的部分。我們也會被迫從更批判、更全面的觀點來檢視這個主題，以增進我們的理解。我們必須能夠區分行動、行為和思考，引導人們走上正確的道路。即便我們在途中處理較小的細節和任務時，也需要牢記更廣泛的意旨和目標。

　　從這方面來說，提供意見回饋是一個關鍵的構面，它有助於規範和指導學習的過程。它讓你為可能的障礙做好準備，並幫助你以不同的方式學習，還可以激勵你為了提出誠實、有成效且有幫助的回饋而努力。然而，不是所有的回饋都是相同的——思慮不周的意見可能就和批評或攻擊一樣沒用，結果只會導致焦慮或負面情緒而已。理想的意見回饋必須符合幾項重點：

　　要明確。奧克蘭大學教授海倫・提姆珀里（Helen Timperley）和約翰・哈蒂（John Hattie）強調，向學習者提供他們是對是錯的具體訊息，是非常重要的。諸如「幹得好！」這類的場面話，並沒有針對學習者做了什麼對的事情，給出任何有價值的資訊；像是「尚可」這樣的模糊描述，也無法讓學生了解下次要如何才能

做得更好。

因此，研究人員建議多花幾分鐘的時間，來讓學習者知道他們到底在哪部份做得很好，又有哪些是需要改進的。舉出讓你印象最深刻的環節：「我覺得你的計算過程很棒，既直接又有條理」、「你對這段敘述中的基本事實真的很了解」，又或是「你在講到數字的部分時似乎有點焦慮，但這是可以改善的」。告訴學習者他們現在和以前的狀況有什麼差異，也可能會很有幫助。

愈早提出愈好。儘早提出的意見回饋，總是比幾天、幾週甚至幾個月後才提出的還要有效。有一項比較延遲回饋和即時回饋的研究顯示，接收到即時評估的受試者，他們的表現有非常顯著的進步。明尼蘇達大學的另一項研究表明，收到大量立即回饋的學生，更能夠了解他們才剛閱讀的內容。

延遲的意見回饋，會在學習活動的結束和正在學習的時刻之間，產生一段心理距離；時間的流逝只會削弱意見回饋的效果。最好調整一下你的時程表，儘快提供回饋，以確保你的建議與意見，還處在它們被傳達及理解的最佳狀態。

為它賦予一個目標。提姆珀里和哈蒂指出，最有效的意見回饋，往往都是以學生正在努力達成的特定成就為方向的。你的意

見應該要能被清楚地理解，它能夠如何幫助學生朝他們的最終目標前進。「這篇論文應該作為你的最終學術計畫中，不可或缺的一部分」，或是「你的疊色技巧讓你離拿到美容證照又更近了一步」……等等。擁有你最終努力目標的一個小提醒，是很令人振奮的。

要細心。你必須以鼓勵的方式提出意見回饋，而不是讓人氣餒。有些人對負面意見遠比其他人更敏感，讓別人感到被貶低或羞恥從來都沒有意義。用一種不會讓人們害怕聽到你要說什麼的方式，來提出你的意見回饋。

換句話說，有時你不得不包裝一下你的回應，要在誠實和有幫助之間取得平衡並不容易。在提出意見的時候，試著想像一下，如果現在你覺得對自己實在沒什麼信心的話，你會想聽到怎樣的回饋？

你會需要練習一點敏銳度和圓融，但也要有足夠的想像力，來思考你的學生現在的真實狀態，以及他們最適合聽到什麼內容。他們的個性、年齡、科目和精通的程度，都會對你如何建構你的意見回饋有所幫助。

正面的意見回饋會刺激大腦的酬賞中樞，讓接收者願意採取新的指示。另一方面，負面的意見回饋表明了必須進行調整，也

暗指最初的努力並沒有達到要求，因而引發防禦的本能。

　　這並不代表你必須完全避免負面或糾正性質的意見回饋，而是需要確保它的呈現方式讓人有被尊重的感覺，並以建議的解決方式和結論來進行後續追蹤。「我發現你在這部分的課程有點麻煩，但我很有信心，你一定有這個資源來突破你的阻力」，或是「過程中總會有錯誤，每個人都犯過錯——而且我們都已經好好地走出來了」。

　　意見回饋是一個絕佳的機會，可以為你的學生示範面對失敗或挑戰時，最理想的態度。當你所傳達的是「學習是充滿樂趣」，以及「*犯錯或還處於正在學習的階段*是意料中事、甚至還值得嘉許」的訊息的時候，就能激發出學生最佳的一面——更能學會為自己做同樣的事。

　　透過一個計畫來完成。請確保在你的意見回饋的尾聲，會囊括一個可行步驟的藍圖，讓對方可以據以前進。如果沒有的話，你的意見就沒什麼意義。一個將你的指導方針付諸實踐的計畫，能夠創造雙方都可以期待的正面、甚至樂觀的解答，像是：「既然這部分你已經完成了，那我們可以放慢下一份計畫的速度，根據我們的標準來衡量它的每個部分。」

得到其他人的意見回饋

最後，那我們呢？我們對聽到意見回饋的預期，可能是一種壓力的來源，這就是為什麼要徵詢他人的意見這麼困難。然而，我們愈主動尋求回饋，壓力就會愈小。甚至我們如果更深入地要求誠實、不手下留情，乃至負面的意見回饋的話——「來，你就直說吧」——研究顯示，我們將有更高的機會可以獲得個人滿足，也得以更快速地適應新角色和責任。

在尋求意見回饋之前，先問問自己想要找的，是哪一種類型的意見。你想要的是對哪份計畫的鑑識與評估，還是某個樂意分享的良師益友或教練？任何和你的角色直接相關的問題，都不要猶豫地去詢問——事實上，具體地問「我要怎麼做才能改善這個部分？」或是「我可以用什麼其他方式來處理這個問題？」能夠讓你斷除不確定性的陰霾，直接得到真實且有幫助的內容。

不要害怕太快就詢問別人的意見。就像老師不該等過了幾天後才給出回饋，結果錯過它最有用的時間點一樣，我們在詢問的時候也不應該拖延；盡可能即時地詢問。

最後，擴大你的意見提供者群體。你尋求意見的朋友、同事或線上人脈愈多，就愈有機會得以透過許多不同的角度，來形成真正客觀的回饋。讓他們能夠自在地直接表達，提供有建設性的

評論。如果有哪件事是每個人都同意的，那就是大家都想要自己的聲音被聽見！

　　我們往往會認為教師高人一等──這很公平，因為教育是一項崇高的職業──然而，最優秀的老師會告訴你，他們從學生身上學到的東西，幾乎和學生從他們身上學到的一樣多。教學意味著面對各種不同的個性、分析問題，以及透過同理心來理解。你在此過程中的發現，可能就和你作為一個學生，所學到的任何東西一樣深刻。即便你沒有打算成為一名教育工作者，像他們一樣思考，也可以讓你獲益良多。

更深層的訊息處理

　　我們對資料的投入和互動程度愈高，對它的理解就會更深入——也能夠記得更牢。深層訊息處理的重點，就是在確保我們和想要精通的新訊息之間所建立的連結，不僅僅是表面的而已，而是得以有效地深入理解。

　　想想下列的例子：某人給了你一張清單，上面列著隨機的事項，並要求你讀了之後，試著背下愈多東西愈好。現在，假設你又拿到同一張單子，但這次上面的每個細項，都構成了某個故事的一部分；故事有頭有尾，每個項目也都扮演著特定的角色。你認為在哪種情況下，你能記得更多？顯然是後者，因為你被告知了這些事物之間的故事。

　　茱莉亞・嘉利（Giulia Galli）在《精神病學前線》（*Frontiers of Psychiatry*，暫譯）期刊中，解釋了原因：只要是和記憶及資料檢索有關的部分，比起「表層運作」，大腦更偏好「語意運作」（semantic operations）——這意味著當訊息帶有意義的時候，我們可以更容易回想起來，也能理解得更深入。神經科學家研究了新資料被「編碼」進入大腦的方式。當你試圖單純以訊息的結構和特徵，來儲存隨機且中性的資料時（舉例來說，嘗試背下一串亂

排的字母），你的記憶被編碼的程度，不會像你以更有意義的方式來處理它那樣地深入（比如你所記的不只是字母串而已，而是記得對你來說，能夠形成實際意義的字詞）。

透過檢視大腦在不同類型的學習過程中之影像，神經科學家發現，理解實際上分成許多不同的階層——愈深層的理解，效果愈好。這意味著當你學得好時，你其實是在利用一個完全不同的認知系統、甚至是大腦中的不同區域。你是否曾有這樣的經驗，在學習的時候，覺得資訊就好像是從「左耳進、右耳出」一樣？嗯，事情確實很有可能是這樣——表面的編碼無法強化你腦中的學習，也就是說，如果沒有深入理解訊息的意義的話，訊息是無法「持久」的。

因此，與其說學習（特別是記憶）的重點在於你如何檢索並回憶訊息，不如說它更關乎於你最初在接觸資訊時，是如何將它編碼並儲存在大腦中的。一般來說，與你已經擁有的訊息相關聯的新知識，會比較「持久」；因為敘述或組合方式與其他知識有所相關的新訊息也是如此。

你腦中對新訊息關注的部分愈多，該訊息的編碼就會愈完整。例如，當你投入全部的五感來注意一個場景、同時也積極地參與自己在情感上的回應時，你能夠記得的機會就大幅提高了。相同地，當你可以理解新資訊的實際應用及其含義時，比起並不

是真的那麼理解的粗略訊息，稍後在你自己腦中，新資訊自然會更容易存取。

要掌握深層的訊息處理，你必須對後設認知（metacognition）有所了解與運用。基本上，這整本書就是後設認知的練習，單純就只是一個「對你自己的思考進行思考」的動作而已。再仔細點觀察，我們應該用「認知的自我調整」來描述後設認知，會比較精確。我們不只有能力意識到自己是如何思考的，也能夠根據個人的目的，來理解並掌控我們的思維方式。

如果你在檢視資訊的時候，能夠理解你是如何以目前這種方式來處理它們、並且為何要這麼做，就會有一定的餘地，得以改變並形塑你的處理過程——你會在自身的學習中，成為一個積極的參與者。你會對掌握自己的學習更有信心，也會更清楚你的目的是什麼、為什麼，更能在過程中評估自己的進度，並進行調整。你就確實可以成為自己的老師了。

讓我們更仔細地看看，後設認知實際上是兩個合而為一的過程。首先，你會試著去觀察並理解自己的大腦正在做什麼；接著，你會試圖對其進行掌握、調整與形塑。正如你所見，你沒辦法在跳過第一個步驟的情況下，直接做第二步——若要做出改變，就得先徹底了解我們要改變的是什麼。*自我調整總是始於自我認知。*

第一部分：了解學習。是什麼影響著你的學習經驗？有什麼策略可以用於學習，在特定情況下，最適合的又是哪些？你如何以獨特的方式學習？你的優點和缺點是什麼？

第二部分：調整你的學習。你更為遠大的目標是什麼？要如何達成？根據你對自己的了解，你可以怎麼計畫？你現在使用的策略是什麼、效果如何？你能不能進行一些調整，來做得更好？

在深度學習中，我們在第一部分和第二部分之間持續地循環。在我們了解自己是如何思考之後，會設計出調整這種思考的方法；而當我們在觀察這種調整的效果時，我們的學習和思考就會擴展、變化，讓自己又開始有一些新鮮的事物可以觀察和調整。

後設思考就像放大和縮小，在兩種模式之間切換：思考，以及對該思考的觀察。我們會先思考，接著把自己拉遠，觀察正在思考的自己，試著理解這個過程，並且解讀我們所看到的事物。我們會再次拉近，並重複上述動作。彷彿我們不只擁有一個心智，而是兩個——一個在訊息的世界中運作，另一個則負責觀察和調整第一個心智；它觀察的不是訊息，是訊息被處理的方式。

　　這聽起來雖然複雜，但你對後設認知的參與，很可能比你意識到的要來得頻繁。舉幾個例子來說明，可以讓這個概念更清楚。比方說你正在對付一些複雜的課程作業，它已經快要超出你理解的極限了。你不時會停下來，接著就注意到一件有趣的事情：每次你在課本裡看到圖表的時候，都會被吸引然後仔細研究，但卻又覺得它周圍全是文字的段落很無聊。

　　你會注意到你自己的專注——亦即後設認知。你會想，如果有更多內容是以圖表的形式呈現，自己學起來會不會更輕鬆。所以，你就到處翻找、或是自己畫出圖表（認知），接著核對一下你對內容的記憶和理解程度（後設認知）。藉由這兩個過程，你不僅更能領會眼前的內容，也得以更加熟練地掌握自己的思考過程，這就是可複製的技能的終極目標！

　　雖然後設認知的重點在於問和你自身相關的問題（即你是如何思考的），但我們也可以探尋內容本身的問題。知名物理學家海森堡（Werner Heisenberg）宣稱「我們看到的不是自然本身，而是自然在我們的探索方式之下，所展現出來的樣子」。海森堡了解，問題是所有深度理解和學習的根源。

　　將學習視為追尋更好的*問題*、而不是更好的*解答*的這件事，是一種觀點的改變。但是，這種觀點的轉變，讓你能夠在更深的層次上學習。它提醒了你，當我們不是貿然地利用推測和既有的

知識、而是直接投入未知事物中的時候，會在知識上有更大的進步。我們問題的品質，決定了我們解答的品質——這或多或少就是學習的重點所在。

是的，我知道你的老師曾經說過「沒有哪個問題是爛問題」。的確，因為不知道而想問清楚從來都不是什麼丟臉的事，但有些問題真的就比其他的來得好。假使你是一個博物學者，某天出外散步的時候，碰巧看見一朵神祕的花。你可以乾脆問一個博學多聞的朋友這是什麼植物，這樣也很好，因為他們會告訴你答案，然後你就會學到新知識。

但當你從*問題*開始下手時，就是一個截然不同的過程了。在你面前，你看到的是什麼？這株植物和你認識的植物有哪些相似之處？它有什麼特徵？你對這個區域、對這株植物生長的地方有多少了解？關於這株植物的種類，上述的訊息告訴了你什麼？還有季節和生長在它周圍的其他植物，又怎麼樣呢？即便你朋友已經告訴你植物名稱了，你還是可以追問，他們是怎麼知道的？他們*如何*將這種植物，和另一種非常相似的植物區分開來？

握有答案是一種固定且靜態的狀態。然而，如果情勢產生變化，我們的答案就可能再也派不上用場。如果我們真的不明白自己為什麼會有這些答案、或是不了解它們的含義，那麼我們對這些知識的理解就非常薄弱。當我們所知甚少，但是擁有理解、查

詢和分析的工具時，我們的立場實際上是有利得多的。這時，倘若有必要，我們可以更容易找到新的答案。

什麼問題才是好問題？

　　一個好的問題就像工具——它可以協助你做事，讓你採取行動；可以擴展你的觸及範圍及理解。一個好的問題會為你敞開想法，讓你得以檢視它們的內部。一個好的問題可以讓思維泉湧、移動、拓展，也很可能獲得有所啟發的答案。一個爛問題只會扼殺思考，關閉你的心智，或讓你走上一條完全無關的路。

　　在課堂上，老師會小心地在適當的時機使用正確的問題，來鞭策學生們的學習過程。問題可以引導他們的理解、給他們一些挑戰，並且使其意識專注在自己尚未理解的事物上。他們可以由內而外地領會這個問題，看看它為何會以這種方式組合在一起。當你獨自學習的時候，和自己一起玩教學的角色扮演就是你的工作，利用問題來促進並形塑你自己的學習過程。

　　你還記得在學校中，有老師問了奇怪的問題，結果全班只是坐在那、努力猜著老師到底在想什麼，擔心自己可能會說出什麼蠢話的時候嗎？那些問題就很糟，因為它們將學生的意識從對內容的了解，轉移到不重要的事情上，例如「犯錯」的羞恥。

　　當你在學習中對自己問問題時，需要確保自己的行為不要和

那些老師一樣。你的問題是你的工具，它們需要達成自身的成效，否則就只是在礙事而已──甚至更糟，它們會主動妨害你的理解。

記得，你的問題存在的目的不只是為了給你「正確答案」而已，而是在於激發你的學習和理解。它應該要引導，而不是強迫。它是一種能夠促成後設認知運作的工具──所以如果你覺得自己的思維愈來愈狹隘，而不是在拓展，它就不是對的問題。你不會想要浪費太多時間在這種問題本身的形成，或是它的回答上──相反地，你的目標是那個問題指向的事物。要是它沒有指向任何比其本身更深層的事物，它就不是一個優秀的問題。

別再在意你要衝向的那條終點線了；別再想判斷與對錯，也不要再把事情簡化成幾個簡單的概念。把所有這些都放在一邊，只要懷抱著科學家的好奇心，來檢視你眼前的事物就好。一個問題可能會激發另一個問題──帶著興趣觀察它的後續，看看這個問題還能為你帶來什麼收穫。

當你在問自己問題時，就是在投入一種蘇格拉底式對話的獨角戲，透過從內心創造的提示，來展開你個人的學習。將這些想法換句話說、讓它們在你的腦海中翻轉，然後留點空間讓自己思考。沒有什麼事情是理所當然的。不停地問為什麼，不要怕把自己的問題視為探索的主題。一開始先想像你只是在初步了解這個

問題而已，就像剛開始認識一個人一樣；只是好玩而已，而不是
認真地努力，想要盡快找到答案。

Chapter 5.　透過教學來學習

更深入的探索

在你學習過程的前、中、後，都問自己一些問題。在你自己周圍打造一個以問題構成的支架，讓知識得以建立在堅固的基礎上。

開始學習前應該問的問題

當然，你實際上會提出什麼問題，取決於你的獨特情況；而且無論如何，最好不要太仰賴現成的問題——只有自己設想自己的疑問，才會有上述神奇的魔力。但是為了讓你踏出第一步，你可以考慮以下的一些問題。

這些問題在問的都是「什麼？」——也就是此特定學習歷程背後的全貌。它關注的重點是什麼、強調什麼，其本質又是什麼？有時光是確立你試圖學習的東西是什麼，就已經是很大的進展了。它比較算是一種技能、技巧，亦或是一種靜態知識？如果它是一種思想，那麼是什麼樣的思想？

在我們學習到的任何新事物中，我們必須根據自身已知的部分，來闡明我們的所見——這是無可避免的。你可以在新事物和自己既有的知識之間，建立什麼聯繫？觀察從來都不是中立

的──當我們觀察時，就已經是在以自己的方式詮釋了，因為我們會選擇專注在哪個部分上，又對哪個部分輕描淡寫。因此，問問你自己，從你的觀點來說，待學習的內容中最重要的是什麼？你可能會需要將它分成幾個部分，並且依序處理較小的幾個元素。若是這樣的話，從哪個元素開始最有意義？

假使你正試著了解一個新的歷史事件；你很熟悉它的年代，但對它發生的所在國家不是很了解。你可以故意問自己：「什麼是我還不太了解的？」或是「此事件的重點為何？我該如何把與它相關的概念找出來？」

在開始學習之前問問題，就好像打造一個小小的圍欄，把你想要學的內容都先圍起來一樣。提出好的問題，可以幫助你設定目標，並安排好向前的計畫。舉例來說，你可以找出你不知道的內容，然後設定一系列把它弄清楚的步驟。你能效仿其他人的作法嗎？可以和不可以的原因各是什麼？

開始學習前提出的問題，是為了讓你熟悉情況──你知道什麼，又不知道什麼？你有什麼資源（參考資料、老師，還是其他學生），又有什麼獨特的優點和缺點？最後，學習前的問題有助於情境化和賦予意義，這是所有學習背後的重要原因。你試圖吸收的訊息到底有什麼意義？它對你個人真正的含義為何？它要如何融入你的世界？

　　提出這些問題也能夠為你提供線索與激勵，幫助你解讀一路上所遇見不如你預期的事物。想想看，一旦你擁有這些知識之後，你會用它來做什麼？你可能也會想思考一下，自己獨有的方式是不是真的那麼有效。直接問你自己——我採用的方式正確嗎？還有沒有什麼其他的方法？

　　對於你自己的心態、態度與素材互動的方式，你必須時常抱持著好奇心。利用你的後設認知技巧，來留意你是如何學習的，並探究你可以怎麼做得更好。舉例來說，假設你認為自己的會計工作無聊又沒意義的話，這種想法會產生什麼影響？抱持著不同的態度，真的能讓事情的進展變得又快又容易得多嗎？

學習中應該問的問題

　　你的學習絕不會是被動的。只要你為自己繪製了一張地圖，也粗略看過你即將探索的領域之後，就可以出發了；但你需要張大眼睛，並保持開放的心態。在這裡，遊戲的名稱叫做*覺知*。在學習的過程中，你需要定期後退一步，來留意正在發生的事情。

　　什麼是有用的、什麼沒有？

　　你在哪裡遇到困難？又有哪些想法的進展很順利？

　　吸引你的注意力和興趣的是什麼？

　　有什麼出乎意料的事情？

　　保持警覺地觀察你的學習素材——倘若遇到困難，試著搞清楚是因為某個東西很令人困惑、太複雜，還是只是因為它對我們來說還很陌生而已。我們有時在接觸到自己還不是很了解的事物時，會感覺到恐慌，覺得如果我們現在不懂，就永遠都不可能懂了。有時候我們只是對某個東西匆匆一瞥，就覺得它看起來很難、令人費解；但它其實只是比較複雜而已，我們只能看到它其中的一小部分。然而，這並不代表我們到最後都無法理解！

　　經常問自己「它是陌生、複雜還是令人困惑的」，是一個很有幫助的習慣，因為它會提醒你下一步該做什麼。如果某件事物真的很撲朔迷離，問問自己為什麼，以及有哪些你現在正在做的事，反而助長了這種困惑？這就像在陌生的地形中健行一樣，你只需要偶爾暫停一下，抬頭看看，然後問：「我在哪裡？我是怎麼到這裡來的？我是否距離目標更近了？正確的道路在哪裡？」

　　在你學習的過程中，請記得你問的問題不只是關於那些內容而已，還要問關於你自己的問題——意即你正在運用後設認知。當你在要問的問題上做了一些變化，像是問問「我的大腦現在在做什麼？」時，就會給你一個機會，來用它做一些不同的事情。問問自己你可以問什麼問題！

　　觀察一下你的注意力放在哪裡，並留意你的行動所造成的影響。不過，這不僅在於智力和認知概念而已——你也得問問自己

的動機、感覺和能量的狀態。也許你會注意到，隨著課程的進行，你覺得自己愈來愈有自信了。為什麼會這樣？在這堂課程中，是什麼東西激發了這種感覺？你要怎麼做，才能從中得到更多呢？

又或是你注意到，自己哪天的心情不太好；當你試著要解一些數學問題的時候，它影響了你的心態。如果你已經知道情況是這樣，最好的做法是什麼？也許是休息一下？你可以暫停，等覺得比較好之後，再回來繼續提問——現在感覺是不是輕鬆一些了？有沒有更容易上手？請留意這一點，並且為了將來起見，要把它記下來。

在你前進的路上，你的學習會加深、問題會繼續，幫助你編織出一張更大的理解之網。你所問的問題，它們的答案必須能夠幫助你將正在學習的內容，連結到你已經知道的知識。你必須持續地問：「這如何和整體的樣貌相吻合？」當你在讀一些18世紀的文學時，就要不斷地去思考，當時的政治環境可能會如何影響故事情節？看看你在現在這本小說中，能否注意到任何模式，是和你以前讀過的小說有關的。到目前為止，關於這些個別的元素組合在一起的方式，其他人的看法是什麼？如果你不知道，該如何找到答案？

在你學習的時候，可以固定問自己這個絕佳的問題：「如果

現在我就是自己的老師，接下來我會給什麼建議？」如果你給自己機會，能夠真正地停下來並問出正確的問題，你可能會驚訝於自己有多會激勵自己的探索過程。

學習後應該問的問題

草率地結束學習階段、忘掉半數學過的東西，又錯失良機來整合並吸收你所接觸到的所有新內容，是一件非常可惜的事。你在學習之後要問的問題極其重要。整體來說，你覺得你學得怎麼樣？

試著不要對你的進度太過批判——以客觀且開放的態度來觀察什麼對你有用、什麼沒有，比批判要來得有幫助多了。比較一下你在學習之前和現在的感受，看看有什麼不同。還有什麼你不是很理解的地方嗎？概略來看，學習過程中的哪個部分是最重要的？

與其試著簡單地重複你所學到的東西，你應該將它們和你更大的個人目標相連結。你在現實生活中可以用你學到的東西來做什麼，這會如何改變你的目標？舉例來說，你也許會注意到課程呈現的方式，不太符合你獨特的興趣；因此下一次，你可能會想改變關注的焦點，以便更密切地注意對你來說最重要的內容。

試著抓住你經歷中的精髓，並且把這些知識「儲存」起來。

將它和你已知的每件事情進行比較,再花時間去熟悉。同時,開始問自己接下來會如何——既然你已經完成了這項技能的知識,後續還可以做些什麼?

學習是一步步向前邁進的。當你在走完過程中的一步、並向下一步前進時,知道自己的進度雖然很慢,不過也確實正在打造一個更完整的知識架構,就可以帶給你強大的力量。你接下來可以如何「升級」並自我挑戰?在你的學習階段結束時問問自己,就你今天所學到的這些,明天可以用來做什麼?

然而,檢查你的進度不只是為了務實而已。你肯定想看看你的方式到底有沒有用、想要測試你的記憶度,並評估你的學習方法有沒有盡可能發揮效力。不過,你也得記得問問自己的感受,以及你的學習,到底對原來的你本身有何影響?

幫自己一個忙,留意你在學習後是感到興奮、無聊、焦慮、困惑,還是高興……等等。不僅是你感受到的任何轉變,連你在思考和行為舉止上的任何變化都要注意。你在學習的事物,是不是大致來說讓你變成了一個更好的人、或更接近你想成為的那種人?的確,一天天的改變是非常細微的,但整體而言,你是否在朝正確的方向前進?你喜歡自己現在正在走的這條路,以及你在不知不覺中轉換了的思考方式嗎?

當你開始任何學習目標時,能夠問的其中一個最棒的問題,

就是「在一年、五年或十年後，我會怎麼看待這段歷程？以整體來看，它算是一件好事嗎？為什麼？」這看起來也許有點過於激烈，但真相是，它若能和你的更深層目的及更長期的目標建立聯繫的話，就得以讓你心無旁鶩地專注在一條可能充滿挑戰、又需要無盡耐心的道路上。要是你知道自己要去哪裡，就可以不斷地檢查自己的路徑，並根據需要來調整，確保你始終對自己的進步有所掌握。

　　現在，當你在任何學習歷程的前、中、後，看見所有可以拿來問自己的問題時，你可能會覺得奇怪，到底哪來那麼多時間可以做這些事？不過，好問題並不需要耗費很多時間或精力；你愈是去練習有意識地注意自己正在做的事情，它就會變得愈容易。不要害怕定期停下來看看自己現在在哪裡、進度如何──你可能會發現用這種方式學習其實更快，也更有效率。

PQ4R學習法

讓我們以一種常見的學習法來結束本章：它就是設計來幫助人們改善基本閱讀理解能力、增強記憶力，以及在考試中有更好表現的。即便此技巧一開始是專門讓有閱讀障礙或其他學習困難的患者來使用，但它其實對所有類型的人都一樣有幫助；它可以讓人們在學習的時候，透過一個架構更完整、更有效率的方式，來處理他們的閱讀。它能夠提升你對整體的融會貫通，讓你對自己閱讀和吸收的內容，產生更精緻、更豐富的理解。

PQ4R代表的是**預習**（preview）、**提問**（question）、**閱讀**（read）、**思考**（reflect）、**背誦**（recite）和**複習**（review）。

讓我們仔細檢視每一步。首先，**預習**很類似於我們討論過的其他方式中的第一步，因為它就是要我們先瀏覽內容，快速看過重要的標題、副標題和可能出現的影像、插圖或其他資料，例如表格。

你不會馬上就埋頭苦讀，而是透過觀察眼前這部作品的概略結構，並試圖掌握其整體的主題，來抓到你的方向。假使你讀到的內容，大多是關於一些特定科學家的研究，你也許可以瀏覽一下，以非常粗略的方式，先看看他們的研究目的、方法和得出的

結論。

　你不僅要看主要的主題是什麼，也要觀察內容所用的文字、文章的作者，以及他們的時代背景和寫作動機；如果可行，你甚至可以試著去留意，有哪些事情是故意沒有寫出來的，以及之所以如此的原因。所謂的神偷閱讀法（THIEVES），可以幫助你提出一些關鍵的問題：

- **T代表標題**（**title**）：閱讀標題，看看它的主旨和題材是什麼、如何和前後的章節及你在大致上的學習有所連結；另外，它有沒有說明作者的立場？假設以有一本書是《隱藏在印度基因改造作物投資之下的殖民主義》為例，你大概猜得到作者可能會對該產業所造成的經濟、政治和財務衝擊，抱持著批評的態度，卻不會詳述自然保育或植物遺傳學之類的科學細節。

- **H代表開頭**（**headings**）：閱讀起頭的那一段，問自己幾個問題——一些能夠讓你有所準備，並且可以在閱讀過程中回答的問題。

- **I代表導論**（**introduction**）：閱讀任何開頭部分、總結或引言的段落，並且停下來看看哪些是你已經知道的，哪些又可能是

你理解中的斷層。回到我們的例子，你也許稍微知道其他國家的農業正在發生的巨變，但沒有特別了解印度的部分。

- **E指的是每一段的第一個句子**（every first sentence in a paragraph）：查看每個段落，並看看你是否可以開始找出整篇文章的大概論點或邏輯架構。你也許會注意到通篇文章的開頭是一些背景和歷史，接下去的是印度某個村莊的故事；然後會談論到一些新政策和現有爭議，最後再提出一些佐證，來支持作者的論點——也就是這些開發，普遍來說都是負面的。

- **V指的是視覺輔助和詞彙**（visuals and vocabulary）：現在，看一下圖片、照片、圖表、表格、資訊圖表、地圖、曲線圖……等等。閱讀它們的圖說，仔細觀察作者選擇這些圖表的原因，以及對文章的整體樣貌來說，它們代表著什麼意義。現在，你也許也已經注意到作者特定的用字遣詞和寫作風格了。它正不正式？是不是充滿了業界用語？是以第一人稱來寫作嗎？還是被動語態？思考一下這篇作品所用的語言，對你的整體理解會造成什麼影響。找出每個粗體或斜體的部分、任何定義或引言，並試圖了解它們為何會被強調。

- **E代表的是章節結尾的問題**（end of chapter questions）：在你開始仔細閱讀整篇文章之前，先把重點放在任何與它相關的問題上，不管是習題還是測驗。如果你把這些問題記好，就可以驅使自己在閱讀的時候，更直接地專注在某些問題上。舉例來說，如果有一篇1000字的小論文，要求你寫下文章中所列出的政策利弊，那麼你在閱讀的時候，就可以特地從搜尋其優點和缺點開始，邊讀邊畫重點或做筆記。

- **S代表的是摘要**（summary）：如果最後面有摘要或結論，請將它熟讀，才能全面徹底地了解整個主題。做完前述的所有步驟之後，檢查一下自己整體來說理解了多少。

　　現在，以作為第一步的**預習**來說，這似乎是一個極度漫長又複雜的過程，但事實上，不管是神偷閱讀法或其他類似的方式，都可以在幾分鐘內完成。當你建立了這個以預定的計畫來接觸新資訊的習慣之後，你可能會發現自己實際上在瀏覽內容的速度變快了。

　　PQ4R學習法的下一步是**提問**。再看一次你找到的標題和副標題，並且刻意將它們轉變為問題。舉例來說，「光合作用的三種主要類型」這個標題，可能自然而然就會讓你問出「光合作用

有哪三種不同的類型？」「這三種不同類型的光合作用有什麼不同？」或是「光合作用最常見的類型是哪一種？」如果可以，請盡可能使用人、事、時、地、物或如何這些疑問詞，來試著問愈多問題愈好。

你也可以問在預習的時候想到的一般性問題。你預想的主題是什麼，預期在把它讀完的時候會學到什麼？你在完全吸收這些知識之後，會希望更了解什麼？

下一步就是實際**閱讀**這篇文章。如果你有徹底執行前述步驟，可能就會發現你的閱讀變得更有重點，而且還學得更多且更快。透過回應你所閱讀的內容，來練習*主動*閱讀。在空白處寫下問題，或在重要的句子上畫重點或底線。

有太多人覺得他們是在閱讀，但實際上他們所做的，只不過是被動地讓目光掃過一些書面的文字而已，所以資訊馬上就從左腦進、右腦出。不過，若你提前準備好閱讀技巧，你的閱讀會變得更明智、更專注，也更能夠舉一反三。如果你卡在一個不懂的句子、或發現之前從來沒看過的單字，就停下來弄清楚，一定要更深入地挖掘它的含義。你可能需要把那段文字多讀幾遍，才能夠領會它所描述的內容。

接下來，試著去**思考**你讀到的東西。這意味著你將所有的內容組合在一起，並且以更概括的方式來理解它。你所學到的這一

切，就特定的主題、普遍的題材，以及在你自己的個人世界裡來說，它們是如何組合起來的？這項新的資訊，如何融入你已知的知識？看看你一開始提出的問題，以及自己會如何得出答案。

你有沒有對哪件事情感到驚訝？也許你在閱讀的過程中，形成了自己的看法，也意識到你在最開頭的時候搞錯了某些東西，但現在還是能夠理解得更好。閱讀從來都不是被動的——你必須不停地問自己可以如何*回應*。

這可能發生在不同的層面。你也許可以問，這個資訊針對你即將到來的考試或作業，有什麼特殊的意義？又或者你也可以問自己，這個新訊息讓你了解了什麼關於該主題、題材或一般科目的內容？另一方面，你可能會想知道該資訊對*你個人*有什麼用處，以及它能夠如何幫助你獨特的人生？這對你的個人目標來說有沒有任何意義；它是否解決了你的任何問題，或改善你的溝通？畢竟，在你決定要如何詮釋並應用它們之前，資料都只是資料而已。重點在於去發現你所讀的內容背後的意義，並將其放置在更大的情境脈絡中。

接下來，我們要做的是**背誦**。如此看來，你已經略讀過、問了問題，也讀透了所有內容。你現在比較熟悉一點了，但還是需要讓資訊更具體。把東西寫下來，或者利用對話或學習卡來反覆練習重點。你甚至可以大聲對自己說話。用你自己的說法來為內

容下一個結論，或者是畫一張抓得到重點的表格、圖表或心智圖。在這裡，你不會想要只做個總結而已，而是要收集你對這些想法的背後意義之真正理解，以及它們是如何彼此互相連結的。

最後，我們應該以**複習**來結束這段歷程，這和第一步的*預習*很類似。你做得怎麼樣？你有沒有解答任何問題，或學到什麼新東西？你對內容有多了解、在將來可能有用的時候（例如測驗時），你可以記得多少？有沒有什麼地方是需要更進一步加強的，或是你是否徹底領會了你曾經全然不識的內容？

再回顧一下，PQ4R學習法的步驟是**預習、提問、閱讀、思考、背誦**和**複習**。

如果你和大多數人一樣，也許會邊看邊覺得，這工作量也太大了吧！但實際上，只要你依循著它的架構，就可能會發現並不是這麼回事：倘若你很專注，而且用來進行這整個過程的計畫也很有條理，你花在學習上的時間將會大幅減少，並且有效率得多。在PQ4R的每個步驟進行到某個階段的時候，都為自己做個紀錄，這樣你就可以很快地熟悉這個過程，特別是由於每個步驟，都會自然而然地引導到下一步。

等到後面的幾個部分，你可能會對訊息有更深度的理解；但如果你只是坐著隨意瀏覽文字，沒有計畫、目標，也沒有系統，就很有可能辦不到。當你在面對一個很有挑戰性的新主題，感到

無法招架或很難熟悉的時候，這種方式無疑是最適合的。結合我們到目前為止在本書中所探索過的其他許多方法，它就是一種簡單、但可以非常有效地改變你的學習的方式——無論學習有多複雜。

本章精華

- 站在教師的角度解決學習的問題，可以讓你的理解變得豐富，也使你更能牢牢掌握自己想要學得更好的東西。在學習金字塔中，最主動、最親力親為和最專注在教學上的活動，最終都是最有效率的。

- 門徒效應解釋了為什麼會教其他人的學生，表現得一定會比沒有教其他人的學生要來得好。這是因為他們的學習是更有條理的循序漸進，能夠更徹底地將自我從失敗和實驗中抽離，並且在主動學習上承擔了更多責任。

- 理想的意見回饋是學習過程中一個很基本的部分，學習如何提供並接納好的意見，也是提高對任何題材掌握度的一部分。

- 理想的意見回饋是明確的，要盡可能即時提出，也和具體的目標有所連結。你在提供意見時必須明智且得體；你要知道，人們在感受到支持與讚賞的時候，他們才能夠學得更好。根據你學生的個性、學習風格和精通程度，來為他量身打造你的意見回饋。

- 深層訊息處理的重點在於不只是在表層處理資訊，如此一來，我們就能夠仔細了解它的意義和重要性。

- 後設認知基本上由兩種模式所組成：思考，以及對你自己的思

考進行思考（或是調整）。當學習在這兩種模式之間切換時，它的效果最好。

- 我們可以藉由運用自我提問來激發後設認知，在學習過程的前、中、後提出問題，來形塑、引導並豐富我們的理解。

- PQ4R學習法是一種將後設認知帶入你的閱讀的方式，由以下步驟組成：**預習、提問、閱讀、思考、背誦和複習**。當我們在一段文字或訊息上，有條有理地遵循其中的每一個步驟時，我們所涉入的就不只是淺薄的表面而已，而是透過定期提出關於我們自己、學習素材，以及我們如何與之互動的問題，來深入地處理資訊。

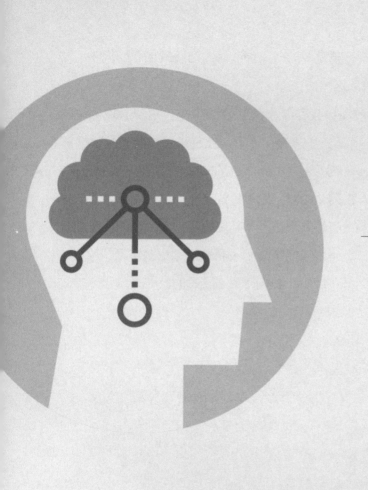

Chapter **6.**

我們在學習中
會犯的錯誤

　　學習是一種流動的活動。它取用在過去對我們來說是未知或模糊的概念，找一種方式將其注入我們的理解，並根據需要來融入生活。正如同我們所看到的，學習的技巧有很多，但卻沒有實際的規則。

　　因此，在我們試著學習時，可能會出現某些陷阱和沒有效率的作法，但只要用一些有紀律的方式和組織，就可以減少這種情況。在本章，我們將檢視其中幾個這類的圈套，以及該如何改正。簡而言之，我們之中的大多數人，都在試圖學習的時候犯了錯誤，但我們甚至根本就不知道。現在，多虧了你到目前為止在本書中所學到的一些技巧，你也許已經抓到了一些問題，但這只是開始而已。

 # 懶散地閱讀

你如何獲取你需要的資訊,並且確實地為了有效率地增加你的知識而閱讀?

請搜尋:*閱讀的四個層次*。這是由哲學家莫提默‧艾德勒(Mortimer Adler)在他這本內容即如其名的著作《如何閱讀一本書》[3]中,所發展出來的概念。艾德勒說明,閱讀並非單一且普遍一致的行為;他將閱讀區分為四個根據目標、努力和需要花費的時間之間的差異,而有所不同的四個層次。此外,不同的等級也適用於不同類型的閱讀——有些書對所有層次來說都適合,有些卻只適用其中的一兩個。尤其是在兩個較高的層次中,忠實地遵循這些閱讀層次,將會大幅增進你在該主題的專業。

艾德勒所提出的四個層次的閱讀,從最簡單到最複雜依序是:

- 基礎閱讀
- 檢視閱讀
- 分析閱讀
- 主題閱讀

3　HOW TO READ BOOK,台灣商務出版(2003出版,2016三版)。

基礎閱讀：你已經超出這個層次了，這基本上是在學習怎麼讀字，就像在小學教的那種閱讀一樣。你會學到什麼是字母、單字怎麼發音，以及它們的字面意義。這就是學到「貓在床上」這句話的意思，是床上有一隻貓，而不是沙發上有一隻狗。真是令人驚奇，對吧？

基礎閱讀的階段同樣也適用於正在學習新語言的成人；他們需要練習，才能學會新字母、單字和發音。這也可以用來指涉首次閱讀專業教科書的學生；他需要學會新的語法或特定的專業用語。每當你接觸到一種新的語言、方言或詞彙時，都是在進行基礎閱讀。

檢視閱讀：對讀者來說，閱讀的下一個層次是理解某一本書的精髓——但不需要消化掉整本書的內容。這個階段稱為檢視閱讀，有時會受到狂熱讀者的貶低或輕視。但是以培養專業知識來說，這種做法非常有幫助。

實際上，檢視閱讀本身就包含了兩個自己的子層次：

- **有系統的略讀或粗讀**。這是輕鬆地瀏覽在一本書中，本文以外的其他組成部分：快速地看過目錄和索引，或是閱讀前言和書封背面的簡介。如果你在看的是一本電子書，那你也可以讀一

讀網站上的描述和讀者評論。有系統的略讀或粗讀可以給你足夠的訊息，讓你知道這本書是什麼，以及你該怎麼幫它分類：「這是一本關於第二次世界大戰的小說」或「這是一本教人做法國料理的書」，就是這樣而已。

- **粗淺的閱讀**。這個階段其實已經是在看書了，只是看得非常隨意。你從書的最開頭開始看，讀到書裡的內容，但是沒有全神貫注或想太多。你不會在空白處做筆記，遇到不熟悉的片語或概念也不會去查——就算有哪個段落是你看不懂的，只要繼續往下看就對了。在粗淺的閱讀中，你會對這本書的調性、節奏和大致的方向有一個概念，而不是去吸收敘述中的每一個元素。

檢視閱讀就像偵查任務或考察研究一樣，你只是在了解這本書的大概，以及它的閱讀體驗而已。你也許會從書中看到一些非常粗略及普遍的想法，但不會去深究。你只會找到自己可能會讀下去的原因，接著才去決定你對它是不是有興趣到會繼續深入。

舉例來說，假使你正在看一本有關古典音樂的書。在你有系統地略讀的時候，你會看到書名與副標，會讀到封底，說這是一本「對古典作曲家深入但有點失禮的研究」。你會讀到目錄——章節名稱有〈變裝的華格納〉、〈莫札特模仿貓〉還有〈貝多芬

對老鼠的愛〉。到這個時候,你可能已經確定這本不是那種超級嚴肅的書,不太可能會提升你的專業;雖然它讀起來也許會很有趣。

為什麼一個初露鋒芒的專家應該要經歷這個階段,而不是直接跳到下一個層次?因為雖然它不是特別深奧,但的確可以告訴你很多答案。你會了解作者的手法,它是嚴肅的、詼諧的還是諷刺的?是真人真事還是虛構的情況?有很多統計數字嗎?是否引用大量其他的參考資料?有圖片嗎?

若你很清楚這些問題的答案,它將可以協助你建構內容,並界定你的預期 ——如果你決定繼續讀下去,這會使你在下個層次的閱讀更有成效。

分析閱讀。第三個層次的閱讀,是閱讀單一著作或系列套書的最高層次——也就是充分消化你手邊的內容,並且*與之互動*。分析閱讀的挑戰很單純:「不考慮要花多少時間,你會把這本書讀得多透徹?」

分析閱讀可以說是把書從作者的手中拿出來之後,變成你自己的書。你不只是在閱讀它的文字而已;你會畫重點、提出自己的想法或疑問。在某種程度上,你可以用自己的注解,來模擬與作者的持續對話。

分析閱讀的目標是充分理解內容，了解到你不用費太多力氣，就可以和其他人解釋的地步。你能夠非常簡潔地描述主題，能夠依序列出它的組成部分，並說明其中的關聯為何。你得以理解並具體說明作者關注的議題，以及他們試圖解決的問題。

比方說，你正在閱讀史蒂芬・霍金（Stephen Hawking）的《時間簡史》，你會在一開始的物理史，就先把幾個重點詞彙標記起來：例如大霹靂理論、黑洞和時間旅行。你也許會在哥白尼和伽利略的名字旁邊打上星號，並備註要找更多關於他們的資料，還可能會在書頁邊緣空白處，寫下對霍金的宇宙膨脹論的分析。

分析閱讀是一項辛苦的工作，但在這個層次中，達成全新理解的感動最深刻，效益也最高。這種與閱讀之間的互動，讓學習變得積極——與其只是聽別人告訴你，這更像是你自己設法得到其中的資訊。在你這麼做的同時，投入的心力會更多，也表示你更有可能*記住*自己所學到的事物。若要以專業知識為目標，這條途徑容易多了。

主題閱讀。你在閱讀的最後一個層次會同時處理涵蓋的，都是相同主題的好幾本書或素材。我們可以將主題閱讀描述為「比較／對比」，但實際上它更有深度得多。（同時也要避免將 syntopical reading（主題閱讀）與拼法類似的 synoptical reading（概要

式的閱讀）混淆，它們的意思基本上是完全相反的。）

在這個階段，你會試圖了解你正在學習的主題的整個廣度，而不單只有一本書而已。聽起來很熟悉吧？你會分析呈現在幾本書中的思考、語法和論據，並且對它們進行比較。你能夠辨認並填補自己可能有的任何知識斷層。你會和多方進行對話，具體化並為你需要回答的最緊迫的問題進行準備。你會確定這些著作所涵蓋主題的所有議題和構面，還會去查看自己不理解的用字遣詞。

主題閱讀這個任務相對重大，幾乎就像是你在教自己一門整個學期的大學課程一樣。你應該把它視為一種積極的努力，人們通常不會把它和閱讀小說的放鬆活動聯想在一起。

這就像是在電視節目或電影中，有人試著揭開盤根錯節的犯罪集團的面紗一樣。在某些電影場景中，他們會在工作檯上擺出超大的布告欄，上面有圖畫、便利貼、人物的照片、還有顯示他們所有人之間相互關聯的紗線。只要從不同的來源發現了新訊息，就會被加到那塊布告欄上。主題閱讀就是像這樣：你必須在努力找到答案的同時，提升你的專業，而且你甚至也不需要面對犯罪分子——你可以專注在更合法的主題上，例如奧坎剃刀原理（Occam's razor）[4]、荒謬劇或股市。

4　當兩個假說具有完全相同的解釋力和預測力時，我們以那個較為簡單的假說作為討論依據。

　　這四種層次的作用，是用來作為連接的步驟，循序漸進地讓一個主題變得平易近人、相關性也更高，最終得以讓你完全熟悉。

　　在基本閱讀的階段——嗯，你正在學習閱讀，因為不管你接下來要做什麼，都會需要它。

　　在檢視閱讀的階段，你會對它的框架和結構有個概覽，並且衡量你自己的興趣。假使你決定投入分析閱讀，也可以去評估若更深入下去，會有什麼東西在等著你，來讓自己有所準備。

　　在分析閱讀的階段，你會盡可能地努力從更多不同的觀點，去了解和該主題相關的知識。你會吸收這本書的內容、對它提出疑問，並對書中討論的主題，產生更進一步的好奇心，驅使你自己學得更多。

　　到了主題閱讀的階段，從某種意義而言，你已經從單一或受限的觀點「畢業」了，並且轉變為對該主題所有組成要素的全方面研究。你就是在這個階段中，藉由多重的見解，一層層地疊起你的專業知識——這是你在一般隨性或休閒的閱讀中，甚至無法領會的。

Chapter 6.　我們在學習中會犯的錯誤

定型心態（Fixed Mindset）vs. 成長心態（Growth Mindset）：哪一個才好？

在這整本書中，只要講到學習，我們從頭到尾都在示意有一種理想的觀點和態度。我們接近自己目標的方式、如何看待失敗、如何理解自己的技能以及學習本身的過程——這些都對我們的表現有很大的影響。

針對學習的態度，史丹佛大學的卡蘿·杜維克（Carol Dweck）已經研究了幾十年，全都納入她的著作《心態致勝：全新成功心理學》[5]中。杜維克認定，大多數人所依循的，都是這兩種心態的其中之一：定型或成長。

抱持著定型心態的人，他們相信才華和聰明才智是與生俱來的遺傳特徵。你有沒有天賦，是一翻兩瞪眼的事。你要嘛天生就很聰明，要嘛就不是。沒有什麼可以改變這個事實，因為這就是你的命運。你可以想像，這可能會如何影響你對學習新事物的努力和態度。如果什麼都不會改變，那幹嘛還要那麼努力，對吧？而且如果你真的失敗了，你也只會聳聳肩，說本來就一定會這樣

---

[5]　Mindset：The New Psychology of Success，天下文化出版（2019）。

而已。

　　另一方面，那些擁有成長心態的人，則相信才華、聰明才智和能力，都可以在人成長的時候培養出來。要是一個人夠勤勉、努力和奮鬥，他就可能*變得*有才華或很聰明。對成長心態來說，失敗不是命中注定的，而只是學習曲線上的另一步而已。只要投入心力，就一定會有一點改變和進步。如果人們抱持的是這種心態，就有可能非常努力、而且也很值得；因為他們相信這可以、也確實會有一些收穫。即便有什麼事情是你現在不知道的，*也能夠及時努力去了解*。

　　杜維克發現，有定型心態的人會傾向將他們的努力，集中在成功機會高的事物上，因為他們想要「看起來很聰明」。他們會逃避任何艱難的工作，盡量躲開障礙、無視批評，而且覺得他人的成功是一種威脅。他們也不太想嘗試新事物或實驗，因為覺得立刻就會失敗。這種心態存在著高度的自我，因為其自我價值甚至是身分認同，都圍繞在成就上。

　　杜維克主張，擁有成長心態的人更加開放，也樂於接受挑戰。他們相信堅毅和努力，可以改變他們的學習成果。他們會堅持克服障礙，聽取其他人的批評與意見，並且把別人的成功視為一種激勵和學習的機會。最重要的是，失敗和逆境對擁有成長心態的人來說，所造成的影響不同——他們並不認為挑戰是令人為

難的,也不覺得需要不惜一切來避免。犯錯不是什麼災難——它只是你為了變得更好,所以偶爾得付出的代價而已。

對於生活中發生的事,你不一定總是掌有決定權;但要如何詮釋挑戰、挫折和批評,是你自己的選擇。你可以用定型心態來看,認為自己沒有可以成功的天分或能力;或你也可以運用成長的思維,把這些阻礙當成自己成長的機會,加強你在策略上的努力並發展你的技能。你也許猜得到,哪一種更有利於加速學習及接觸任何新事物——你覺得對學習來說是個錯誤的,是哪種心態?

杜維克最發人深省的研究,是在探索這些心態是如何形成的。不出所料,這可能在我們很小的時候就開始了。在此我無意偏向佛洛伊德的觀點,認為我們現在的一切,都是童年經驗的結果;但毫無疑問的是,它們之間的關係,比我們從表面上看到的要來得深。

杜維克和同事在一項開創性的研究中,讓接受實驗的四歲兒童們二選一:他們可以重新再拼一次一幅簡單的拼圖,或是嘗試另一幅更難的。

展現出定型心態的孩子們停留在安全地帶,選擇了比較簡單的拼圖,因為這能夠肯定他們已經擁有的能力;然而,懷抱成長心態的小孩卻認為,光是這個選項的存在就很奇怪——為什麼會

有人想要一直拼同一幅拼圖，可是都不會想學什麼新的東西啊？

　　擁有定型心態的小孩專注在保證會成功、而且可以讓他們看起來很聰明的結果上。擁有成長心態的小孩，則想要拓展自己的能力。對他們來說，成功的定義是*變得更聰明*。最終，抱著成長心態的孩子會做他們想要做的事，因為他們不一定關心潛在的前途或失敗。

　　有定型心態的小孩，感興趣的只有會反映出他們現有能力的那些意見回饋而已；面對可能可以幫助他們學習、讓他們的表現進步的訊息，卻充耳不聞。特別值得注意的是，對於答錯的問題，他們完全沒興趣聽正確的解答——他們已經把自己的答案貼上失敗的標籤，也不覺得它還能有什麼用了。

　　然而，帶著成長心態的人，會密切注意能夠幫助他們增加知識，或培養新技能的訊息。答錯對他們來說並不丟臉；他們也很樂意接受正確解答的說明，因為這對他們的進步是極大的幫助。對擁有成長心態的孩童來說，最重要的是學習——而不是成功或失敗這種自我的二元陷阱。如果沒有妥善處理，我們在兒童時期的表現，可能會跟隨我們一輩子。

　　幸運的是，不管一個人的定型心態在他身上有多根深蒂固，也不一定會像他們以為的那麼持久。心態模式是具有可塑性的，也可以被教會。事實證明，老狗也*學得會*新把戲。（沒錯，甚至

連那些認為自己辦不到的老狗都可以！）而且這件事很值得做，因為到頭來能用來區分兩個擁有一模一樣的才能、智慧和機會的人的，還是這個因素。

杜維克和她的同事發展出一種他們稱為「介入培養成長心態（Growth mindset intervention）」的技巧。「介入」這個詞聽起來可能有點侵略性，但這個概念的美妙之處，在於它實際上的調整是多麼地微小。在溝通上的些許改變——即便是最無害的評論——都可能對一個人的心態產生長期的影響。

這種技巧所著重的其中一個關鍵部分，即是讚美的性質。與其讚美一個人天生的特質或天賦（「你好聰明」），讚美他們的學習過程（「我很欣賞你努力解決那個問題的方式」），才是激發成長心態的一個簡單卻非常有效的方法。

讚美天分只會強化這種想法——也就是不管成功或失敗，都是取決於與生俱來、無法改變、始終如一的固定特質。但是，稱讚學習過程所讚美的，卻是努力和實作——即為了邁向下一步，而採取的*行動*。天分比較不重要、努力才是最重要的，才是你想要強化的觀念。

你可以想見稱讚學習過程，在課堂上可能會多有效了：「我知道化學實驗室有幾個問題，但你成功解決了」或是「你這次的期中報告準備得非常全面，讓我印象深刻」。不過，要將這種心

態轉化到我們每天在家庭和職場的日常，也非常容易，而且效果很好：強調過程的價值，為交流和建設性批評保留開放的管道，並且以我們在過程中的所學作為基礎，來建構未來的計畫。

看你在學習時會如何評估你的行為舉止，這就是你能夠為自己、也同時為他人做的。

量身訂作學習型態的迷思

在教育圈中，不同學習型態的概念，向來都是一個受到廣泛討論和支持的議題（更不用說是銷售教學手冊的出版社了）。與其緊密相關的，是以下的這個概念——也就是教師應該調整自己的努力，來配合一些和其他類型的學生相較之下，更趨向某種特定學習型態的學生。該理論認為，有些學生在學習素材以視覺方式來呈現的時候，會學得更好；但也有些學生比較喜歡口頭的、依照邏輯的，又或者是其他的方法。當然，鼓吹這些方法的人，在銷售的就剛好是迎合學生各種學習類型的商品。這也太巧了吧！

但是量身打造的學習型態，真的有科學證據可以證明嗎？換句話說，真的有人因為大腦的迴路天生就不同，如果資訊不是以對的方式呈現，就不再算是資訊了嗎？好吧，我們現在討論的學習型態已經廣為人知了，即便它們的方法不是很科學，感覺起來甚至也很合乎邏輯：

• 視覺型（著重空間）：偏好藉由影像、圖片、顏色和地圖來學習。

- 聽覺型（透過聲音或音樂）：以聽聲音和音樂來學習。
- 語言型（透過語言的）：選擇使用文字──口說或書寫方面都是；也偏好書籍和講座等。
- 身體型（動覺）：偏好使用身體、雙手和觸覺，特別喜歡運動和體能訓練。
- 邏輯型（數學）：喜歡邏輯、推理、系統，格外偏愛找出毫無相關的事物之間的共通模式和關聯。
- 社交型（人際關係相關）：喜歡分組學習，有機會和其他人開放地溝通與討論。
- 孤僻型（人際關係相關）：傾向低調與獨立，也很重視內省與個體。

　　要說有些學生有意識地喜歡某些學習方式更勝於其他種，也不算是扭曲事實。我也一定會有比較喜歡的活動，因此也可能會出於喜愛，而為自己捏造出一個自我應驗的預言。甚至有一些生物因素似乎是支持這個理論的，因為各學習類型所對應到的每一種功能，都由大腦結構的不同區域所掌管：

- 視覺：由大腦後方的枕葉負責。負責空間定向能力的則是枕葉和頂葉。

- 聽覺：聽覺內容是由顳葉處理。右顳葉腦對音樂來說特別重要。
- 語言：屬於顳葉和額葉的處理區，尤其是布洛卡區和威尼克區這兩個特定區域。
- 身體：處理我們大部分身體運動的，是小腦和位於額葉後方的運動皮質。
- 邏輯：頂葉主導我們的邏輯思考，尤其是左側的頂葉。
- 社交：額葉和顳葉處理我們大多數的社交活動。會影響人們偏好的型態是趨向社交或是孤僻的，還有邊緣系統；它和感情、心情與侵略性也有很大的關係。
- 孤僻：額葉、頂葉以及邊緣系統，都會對這種型態造成影響。

但那又怎樣呢？

沒有科學證據顯示，大腦的運作方式是這麼東拼西湊的。支持該理論的唯一資料，是由操作不嚴謹的研究，或是對某些結論的錯誤解讀所產生的。這些關於學習型態的迷思——或是說「大腦迷思」——開始面對更多挑戰，但還是有人堅信這種想法。事實上，有大量的證據表明，若將注意力和偏好也一起納入考量，所有的學習型態都一樣有效。

布里斯托大學（Bristol University）的研究人員保羅・霍華德－

瓊斯（Paul Howard-Jones）表示，量身打造學習型態或其他的大腦迷思，都是「因為以下情況而產生的錯誤概念——像是誤會、錯誤的解讀，或是誤用大腦科學研究所確立的事實，來合理化教育或其他領域中的腦部科學研究」。

理所當然地認為我們只應該堅持一種學習型態，是有風險的。這會限縮我們的能力，讓我們錯過其他可能有效的方法和媒介。此觀點往往會成為一種自我應驗的預言，也就是你只會特別注意一種方式，且排斥其他的方法。這只會對你造成不利而已，特別是當你誤以為培養某些思考方式並沒有用處，因此有意識地避開它們的時候。

我們要如何在日常生活中處理這個問題？我們會依據自己的才能和偏好而被特定方式所吸引，但這並不表示其他方法就是沒用的。最棒的方式是混合各種媒介，並且盡可能囊括多種不同的學習型態。你的大腦是一種格外靈活、適應力又強的器官，更會因為挑戰、改變以及多樣化而成長茁壯——那就如其所願吧！

由於在我們目前的環境中，可以運用的媒體選擇非常多樣，因此即便只是和前幾年相比而已，這項工作都變得更容易進行。如果你想了解更多關於棒球的知識，你可以閱讀大量的書籍、聽相關的有聲書甚至是音樂作品、看一部主題為棒球的電影（或由肯·伯恩斯（Ken Burns）所製作的紀錄片系列）、參考有關的

YouTube影片，抑或是把你自己沈浸在實際的賽事經驗中——不管只是當個觀眾，還是作為一個球員（如果你辦得到的話）。

　　倘若你只想要以一種型態來學習，你的選擇會受到侷限，甚至可能很糟糕，因為如果那些內容是以其他型態來呈現，也許會合適得多。不管你想學的是什麼，混搭不同類型的媒介來取得它完整的視角，也會很有幫助。回想一下交叉練習的價值所在，你還記得盡可能用愈多的感官來編碼新材料這件事，為什麼這麼重要嗎？

　　同樣的方法，可以用來學習任何有足夠視聽與文字素材的主題。老實說，很少有主題不是這樣。歷史、數學、外語、音樂，甚至像是木工或電腦技能這樣的實用技術，都有各種不同形式的媒體，乘載著豐富的資訊。盡量多將這樣的媒體納入你的學習計畫，不要覺得你必須把自己拘束在沒有科學根據的分類中，不管它看起來多合乎邏輯。

Chapter 6. 我們在學習中會犯的錯誤

思維風格 vs. 學習型態

　　倘若學習型態沒有確實地經過科學證實，那麼還有更好的替代方案嗎？安東尼・格雷戈爾克（Anthony Gregorc）是這麼認為的，他在1977年提出了自己的模式，來解釋人們學習方式的差異。他認為學習模式有兩種，以它們的程度作為區分所產生的連續體，會形成一組座標系或象限，而個人的學習偏好就直接落在上面，也就是所謂的「思維風格」。

　　若想知道個人會落在兩條軸線上的哪個位置，只需要回答一份上面有40個問題的問卷。這兩條軸線，單純就是兩組相對的極端而已：

- 以感知特質來說，是抽象還是具體？
- 以排序能力來說，是依照順序還是隨機？

　　對你的感知來說，所謂的具體性，代表著你必須在此時此地，用自己的五官來感受這個世界；這種思考是如實、實際且直接的。另一方面，感知的抽象特質與直覺的關聯性更大，而且它所關注的，已經超越了你眼前顯而易見的事物。任何模式的創

建、想像或「察覺超脫表象的事物」都更為抽象，並非具體。以交流來說，這樣的差別甚至更加細微且難以捉摸。

擁有依照順序排列的能力，意味著你的心智是依照序列或線性的方式來組織資訊，也就是一項接著一項。你偏好按部就班的邏輯，專注的範圍很集中，也喜歡從頭到尾遵循同一個計畫。然而，隨機的排序更喜歡資訊以有意義的方式組成，特定順序反而不重要。這種方式更加自然且出於本能，你可能會略過一些步驟，從結尾開始下手之後倒著進行，或者跳來跳去，而不是照著計畫走。

格雷戈爾克指出，每個人都會落在這兩個光譜極值之間的某個地方。即便是對那些在這兩種風格之間相對平衡的人來說，也都會稍微偏好其中之一，勝於另外一種。如果將這兩種模式分別界定為X軸和Y軸的話，我們就可以從四個象限中，創造出四個不同的類型：

具體連續型（concrete sequential type）

此類型人偏好在當下的此時此地，投入井然有序、循序漸進的思考過程。這種風格很實際，也喜歡什麼事都親身接觸。這種類型在資訊既詳細又有條理時的學習狀態最好，但在一片混亂時，就學得很差。過多的抽象會讓人覺得毫無幫助──相反地，

其重點在於應用概念，讓它們成為現實。聽從能夠清楚指導與示範的師長建議，也可能會對這類人有幫助，就像是比較傳統的學習技巧一樣。

有幫助的是：事實、順序、邏輯、結構、可預測性

沒幫助的是：雜亂無章的小組作業、不明確的指示、運用想像力、試圖回答「沒有正確答案」的問題

具體隨機型（concrete random type）

這種風格也喜歡根據此時此地的感官來運作，但帶有更強的自發性和直覺。上一種類型比較像是熟練的技師或工程師，但這種類型更像是藝術家。他們喜歡反覆試驗、嘗試錯誤，也會只為了想知道結果如何而去實驗，而不是直接相信別人所說的話。和具體連續型的人相較之下，他們比較沒那麼服從權威，卻更仰賴自己的調查和經驗。

有幫助的是：冒險、獨力解決問題、競爭、自我導向

沒幫助的是：形式上的例行公事、為了管理、禁止和限制而制定的規則；彙整報告、重複已經做完的事

抽象連續型（abstract sequential type）

抽象類型的人總在他們的想法中神遊，而不存在於眼前具體

的當下。他們十分擅長創造與詮釋語言及非語言的符號，並且喜歡以邏輯與線性的方式投入。他們是科學家類型的人，會創造模式和理論；至於他們的學習，則是透過以有條理且分析的方式，來接觸理論性的知識。他們也許會尊重權威，但前提是他們認為那個權威是真的有專業的。

有幫助的是：獨自學習、身處於能夠激勵的環境、自己的分析可以被聽見並理解

沒幫助的是：沒有意義的重複、遵守規則、太過情緒化的方式、表面性的事物、無聊

抽象隨機型（abstract random type）

這類型的人也很喜歡內在、直覺和抽象的世界，但他們偏好的接觸方式，是比較鬆散、比較不正式的。學習不是固定的大綱和已經規劃好的方向，而是更加靈活且自然而然的。但這並不會造成混亂，卻反而可以讓這類型的人，逐漸整合出一個對他們來說有意義的整體——他們只是走上一條沒那麼線性的路徑，來達到同樣的秩序而已。不像抽象連續型的「科學家」，這類型的人有更多是屬於藝術和人文領域中的理論家，或是哲學家、思想家和夢想家。

有幫助的是：和諧的團體、個人化的環境、更廣泛的指引和

足夠的時間

　　沒幫助的是：競爭、威權主義、限制、評斷、強迫且獨斷地
要求關注細節

　　正如同你所看到的，上述的類型與其說是認知模式，不如說
它們更像是人類在思考時的各種型態（而且你確實也會注意到其
中有一些MBTI人格理論的元素）。因此，你也許不需要為了更能
迎合你的認知學習類型，而改變你想學習的資訊的形式；但你可
以調整你的學習環境，以求更能配合自己的思考風格。

Chapter 6.　我們在學習中會犯的錯誤

懶散地抄筆記

　　學習的「錯誤」可能會以錯誤信念的形式出現──這些信念是關於你的學習型態、偏好、閱讀的壞習慣，以及普遍會破壞、而不是促進你的成長的心態。但在你的學習過程中，也會有些錯誤是比較實際、比較明顯的，你可能已經犯了錯，卻甚至都沒有察覺到。

　　教師在課堂上教授內容時，往往會發給學生相關主題的講義，裡面包含一些預先做好的筆記。這些通常都是可以從PowerPoint的簡報檔案中，自動生成的備忘稿頁面。老師可能覺得他是出於善意給學生方便──但這對學習非常不好。

　　學習只有在積極、而且至少有部分是出於自我驅動的原因時，才會實現。當你靠自己來寫筆記和組織訊息的時候，就是在整合資訊並將其個人化。你不是在消化其他人的教學架構──就算有，效果通常也很糟──而是正在參與你自己的大腦活動。

　　你所獲得的訊息是以線性方式呈現的，但為了要讓它有意義，你也許會必須選擇一條比較沒那麼好預測的路線。藉由用自己的話來寫筆記──和檢索練習有點類似──你就必須思考教科書中的概念和課堂作業，以及你要如何用連貫的方式來解釋它

們。主動在打鐵趁熱的時候做筆記，一個簡單的動作就可以帶來很大的改變。

學習正確的筆記術，可以協助你記住、分析、最終得以記憶和理解你所讀到的東西。你不是在使用對其他人有用的方式，並且強迫自己適應；相反地，你會打造自己的內容，並用你自己可以理解的方式來組織它。

一般來說，要讓自己的筆記優質且有效率，有四個主要步驟：

- 做筆記
- 筆記的校正
- 筆記的分析
- 筆記的思考

我們大多數人都無法跨越第二個步驟——甚至連第二步都到不了。我們也許會花點時間在書裡畫重點、潦草地寫下一些筆記，然後到要考試了才會再拿出來看。然而，後面的三個步驟才是奇蹟會發生的地方，因為只有在這個時候，你才能夠比單純地記住訊息更深入一層。你要投入的是這個部分。你會組織自己的想法、分析關聯，並且思考每個部分要如何對應到整體的全貌

……也就是你所學到的東西。

最著名的筆記術是**康乃爾筆記法**（Cornell method），它實際上就涵蓋了前述做出優質筆記的四個步驟，以下是它的運用方式。

在你要寫筆記的紙上（手寫是關鍵），從中間分成左右兩欄；將右邊標示為「筆記」，左邊標示為「記憶點」。在頁面底部留下幾公分高的空白，並把這一區標示為「總結」。你可以事先準備一些像這樣畫好的頁面，隨時都可以用，甚至還能預先把整本筆記本都規劃成這種方式。

現在劃分出來的有三個部分，但你只會在「筆記」區寫筆記而已。在這一區，你要以盡可能精確的方式，藉由輔助的細節，在比較大的概念上做筆記。寫下你必須記得的每一件事，來徹底評估自己正在學習的事物，並且確保自己在列出的重點之間預留一些空白，這樣之後才能再補上更多細節或說明。畫一些圖表，在適合的地方列出要項，盡你最大的努力抓住重點。你在一開始筆記的時候，不需要思考關於組織或強調重點的問題。只要寫下你聽到或讀到的內容，並且盡可能讓整體概念的範疇完整一點。

寫完筆記之後，再繼續換到左側的「記憶點」欄位。你在這個地方，會為「筆記」那欄中的每個段落或概念進行過濾並分析，然後在「記憶點」的那一欄寫下重要的部分。雖然「筆記」

的那半邊比較像是雜亂的速記，但是「記憶點」這半邊就是對手邊主題相對比較有條理的描述了——基本上左右兩邊的資訊是一樣的。寫下最主要的佐證資料以及任何重要的東西，但要以更有組織的方式。這樣還有一個額外的好處，因為你必須立刻重新看過一次你的筆記，並且在整合所有內容之後，找出什麼重要、什麼不重要。

最後，在你完成「筆記」和「記憶點」這兩欄之後，再往底部的「總結」部分繼續。你必須在這裡試圖總結你剛做完筆記的所有內容，只利用最重要的佐證事實或例外，來將它們寫成幾個最提綱挈領的概念和陳述。你的目標是盡可能用最少的字數，來說明得愈完整愈好；因為當你在複習筆記的時候，會想要迅速地理解你所寫的內容，而不是得全部再重新解構並分析一次。你應該要可以在簡略地讀過「總結」和「記憶點」的部分之後，就直接往其他部分邁進。

康乃爾筆記法和筆記的四個階段之間有其相似之處，但不管是哪一種，你都已經創造了自己的學習指南。更棒的是，你將筆記整理出來的整個過程——從最原先的筆記，到整合與總結——也都紀錄在同一張頁面上。你有一份訊息的紀錄，可以讓你隨心所欲地深入或參考任何你想要的內容。最重要的，是你創造了對你個人來說很有意義的東西，因為你重述所有內容的方式，是透

過你自己汲取過的意義。你正在讓訊息符合你的心理基模，而不是顛倒過來。你留下的，是確實有機會可以強化你的學習的訊息，而不僅是在浪費紙筆而已。

整體來說，做筆記並不是一種鬆散、被動的活動，這就是優秀筆記的真正祕密。很多人似乎都以為一旦筆記寫在紙上，就算結束了；大家幾乎都沒發覺，他們居然允許自己不用再次仔細思考那些重點。沒有什麼比這錯得還離譜的了。

好的筆記的目的，是讓你有東西可以參考、立刻看懂之後覺得有幫助，而不是還得再理解一次。如果你還必須先試著理解其他人的結構組織邏輯，這是行不通的；要是你從來沒有受到啟發，並和自己所做的筆記保持某種對話的話，就更行不通了。

《超牢記憶法：記憶管理專家教你過腦不忘的學習力》[6]的作者彼得・布朗（Peter Brown）將關於筆記的這個重點給簡化了：他堅稱倘若人們在學習過程中沒有投入任何努力的話，就沒辦法長久地持續下去。這到底是什麼意思？

在布朗引述的一個研究中，學生們被允許可以逐字複製某些學習素材的筆記內容，但同時也被要求有一些*其他*的內容，他們必須要用自己的話重新整理過。當這些學生稍後接受測試時，他們對經過自己換句話說的內容的回憶度，大大地勝出。

6　Make It Stick: The Science of Successful Learning，天下文化（2019）。

對學生來說——其實對教師也是——在課堂上提供紙本筆記也許很方便。然而，這種前置作業固有的不勞而獲，會讓學生變得沒有行為能力。事實上，學生能夠用上的努力和參與度愈少，他們的學習就會愈糟糕。彷彿只要是學生們沒有真的親身參與到的內容，都是微小得無法察覺，而且很快就忘了。

提前規劃好你的筆記風格，並把需要的每樣東西都帶到課堂上。不同顏色的筆、螢光筆、便利貼、多層活頁夾——不管你設計什麼工具來幫助*自己*學習都可以。試著使用簡稱、圖例或字首字母的縮寫，並只寫下真正重要的資訊（但你可以決定這些資訊要包括什麼），來盡可能讓筆記保持精簡。記得，簡單通常就是最好的——如果這對你的學習過程來說沒有幫助，你就不需要弄出一大堆看起來很花俏的文具。

我們要怎麼建立這些筆記法則，和自己生活其他部分的關聯？換句話說，我們要如何確定，我們能為自己重述我們想學的每件事物，即便是在課堂之外？我們要如何確保自己在現實生活中也付出了努力，並讓我們的學習盡可能地主動？

我們在學校環境中所培養出來的解決問題的方法，就是這麼變成現實生活的一部分的。但它也意味著一個不證自明的真理，也就是我們的學習，不會因為離開學校就停止——事實上，我們持續地學習的狀態，直到*我們*死去之前，都一直不會消失。

　　無論是在日常生活、工作問題、人際關係或只是單純的自我
表達上，關於個人紀錄的好處，怎麼說都說不完。每天紀錄我們
遇上或經歷的任何事情，並創造一個有條理的系統，讓這些筆記
可以留待我們日後回顧——這能夠幫助我們記住將來面對實際的
應用時，會需要的知識。

　　無論是手寫（我們仍然誠心推薦）或透過數位應用程式（因
為不用也浪費），將你生活中的事件——像是養家活口、創業或
追求嗜好的紀錄——用自己的言語和筆記建構成一段陳述，是讓
你能夠從生活中，持續獲得意義及個人價值的一個幾乎不會失敗
的方式。

　　當然，提升價值的不是書寫和紀錄本身，而是我們與其之間
的關係，以及我們能夠如何使用這些工具，來啟發自身中更寶貴
的事物：也就是有意識地控制我們自己的學習。當我們在寫作、
記筆記、分析和問自己問題的時候，我們會更靠近我們正在學的
東西——不管這種密切的關係，確切說來是以哪種形式發生的。

　　學習是藉由反覆嘗試來確立的。在學習時犯錯，幾乎從來都
不會成為我們在教育路上無可挽回的脫軌。如果你處理錯誤的方
式，和我們建議你處理自己的學習主題的方式相同——要主動，
而不是被動，那麼這些錯誤就會成為未來學習的機會，而且最終
會愈來愈少發生。

本章精華

- 正如同我們會養成更好的習慣，來讓學習更有效率一樣；我們也可以努力改掉削弱學習成果的壞習慣。

- 其中一個壞習慣是「懶散地閱讀」，或是任何我們沒有主動參與內容的閱讀。學習*如何*閱讀，跟學習要閱讀*什麼*一樣重要。

- 我們的態度和觀點，在我們學得好不好、以及在面對挑戰和逆境時，能有多強的韌性這件事上，扮演著極為重要的角色。倘若我們抱持的是定型心態，我們會認為知識與技能是與生俱來的，無法透過學習來達成；但如果是成長心態的話，就會認為後天培養是可能的，並且可以透過努力和專注來實現。

- 要在沒有什麼科學證據可以證實這個概念的情況下，來推論你屬於某一種「學習型態」的假設，可能是個錯誤。雖然我們都有自己的偏好，但大腦是設計來接收各種形式的訊息的；當我們盡可能地利用由自己的所有感官來取得的資訊時，學習就會進步。

- 根據「思維風格」來調整你的學習過程，是比較好的方式。每個人的風格都會落在兩條軸線上：感知特質的抽象vs.具體，以及排序能力的依照順序vs.隨機。由此會產生四種類型的人，他們各自在接觸新資訊的時候，也會有不同的偏好。

- 就像懶散地閱讀一樣，懶散地寫筆記也是被動、而不是主動的，因此無法產生持久的學習。記得使用康乃爾筆記法的「筆記」、「記憶點」和「總結」欄位，這樣你才能更密切地投入學習內容之中。

- 一個優秀的筆記策略不只包含做筆記而已，還有對筆記的校正、分析和思考，如此一來，筆記才能生動地反映出你的學習過程，而不是呆板且很快就會被遺忘的東西。

- 所有的學習都是反覆嘗試，在某個情境下對某人有用的方式，不一定在其他情境中對另一個人就有用。重點是在學習的過程中，要有意識地進行觀察、調整，並評估自己的過程，並且賦予自己可以漸進地改變的權利。

 **各章總結**

Chapter 1. **學習的豐沃條件**

- 超級學習法（Superlearning）就意味著好好運用每個人都已經擁有、與生俱來的內建機制。當我們與大腦合作、而不是唱反調的時候，就能夠從自己的學習經驗中，得到最多收穫，也得以享受更豐富的學習。

- 人類得以集中注意力的時間有限，這是不爭的事實。我們必須順從我們在專注力上的侷限，並且據此制訂學習計畫——也就是說，先從比較少量、比較容易掌控的新訊息開始消化。

- 對任何種類的學習來說，最適合的時間是介於30到50分鐘之間。時間太短的話學習的深度不夠，過長又會讓你的認知能力開始疲勞。

- 若要聰明地利用時間，就事先在你的行程表中，規劃並指定特定的學習時段。

- 讓概念學習引導你：在你學習的過程中，要以理解和融會貫通為優先目標，其次才是硬記，也就是概念先於事實。當你能對訊息產生深刻的評價、而不只有表面時，就可以在整體脈絡中

嵌入新的概念，讓它們更好記也更好應用。

- 故意投入建設性失敗。你要知道，如果正確地擁抱失敗，它其實會是很有價值的資訊來源。

- 在不讓自己感到挫敗的情況下挑戰你自己，並且確保當你在努力（和搞砸）的時候，你會給自己機會，仔細檢視事情為何這樣發展。問問自己為什麼失敗，並思考如何可以做得更好。

- 培養成長的心態，將自我擺在一邊，並承認學習偶爾會讓人不太自在。失敗也是學習的一部分，因此在你失敗的時候，就好好地接受它。利用你的失敗來激勵自己，制訂新的前進計畫，並勾勒出你的下一步。

- 「對挫折有所預期，但不要屈服。」若有正確的心態，「失敗」會讓你離成功愈來愈近，而不是愈來愈遠。

Chapter 2. 維持記憶

- 學習有賴於記憶，而記憶又是儲存與檢索訊息這兩個過程之間的交互作用。它主要的步驟有三個：編碼、儲存與檢索。

- 我們的**編碼**能夠多成功（也就是我們能在腦海裡牢記到什麼程度），取決於我們專注於其上的程度與強度，還有我們和它接觸時的判斷和相關的情緒。

- 當我們**儲存**記憶時，我們要不是將它儲存為瞬時的感官記憶，

就是短期記憶或長期記憶。

- **檢索**是回到已儲存的記憶再次取用,這可能有提示或特定排序的幫忙、也可能沒有。我們可以用好幾種方式檢索訊息:直接回憶(不需要線索的協助,這種方式顯然最好)、再認(根據線索和提示來憶起)以及再學習,但這個方法最沒效率,也最不持久。

- 遺忘是一個正常的狀態,它的發生是根據「遺忘曲線」。然而,每次我們複習的時候,都會刷新這段記憶,而在此之後的遺忘曲線,就沒有那麼陡峭。我們的目標,是複習到這條曲線最終變得平坦,而且記憶衰退的速度慢到你可以肯定地說「這我已經永遠記住了!」

- 學習週期可以根據記憶運作的方式,來將你學習歷程的效果提升到最大。它的步驟包含了預習、注意、複習、研讀與評估,接著再重新開始循環。我們在學習的過程中,最好有意識地完成每一個步驟——建立脈絡、集中注意力、主動閱讀與投入、鑽研內容,並評估這套步驟之後的發展。

- 檢索練習是一門藝術,練習的是最能夠強化記憶的內容——也就是檢索它們。這是一個主動的過程,能夠牢牢地灌輸記憶。

- 間隔重複是練習檢索和抵抗遺忘最有效的方式。而且,刻意的練習也可以協助你掌控你正在練習的內容,以及如何隨著時

間，來強化你的學習和知識。

Chapter 3. 主動學習的技巧

- 專注在主動和有意識地投入新內容的技巧，向來都會產生更深層的理解，也讓人更容易回想起來。

- 所有人都在用的許多最傳統的學習技巧，對我們的學習其實都沒什麼幫助，包括做摘要、畫重點、使用記憶術、文本視覺化，以及重複閱讀。雖然它們在特定情況下可能有用，但也不是效果最好的。

- 更主動、更重視應用的技巧，才更有效率：練習測試、分散練習（在上一章有提到）、詳盡詢問、自我解釋和交叉練習。

- 在詳盡詢問時，我們會使用問題來確保對內容的深度理解，詢問「為什麼」和「怎麼會」來揭露表面看不到的因果連結和關係。這不僅是針對我們的理解而已，也有助於我們的記憶。

- 自我解釋也迫使我們更深入概念，讓我們從中「自學」，甚至還可能找到我們的理解中間的斷層。藉由向自己解釋想法、序列或概念，你就可以「從裡到外」地把它們學起來。

- 物理學家理查·費曼啟發了我們，讓我們看看自己能否用簡單且直接的語言，來解釋任何想法；以這種方式來檢查自己的理解向來都很重要。如果你辦不到，一定是存在著某些概念上的

落差或誤解。

- 交叉練習和傳統的看法背道而馳；它鼓勵你在單一的學習時間段中，替換不同的主題或技能。比起一次完整而獨立的分段學習，你可以透過混合主題來發展某種程度的認知敏捷度，並且強化主題之間的連結和關係。

- 當這些主動學習的技巧，是為了特定的學生、主題或手邊科目的適合度，而被應用的時候，它們會獲得最好的成效。上述的任何做法，只要它們是鼓勵深度而不是表層理解、並可以讓你在想法之間建立有意義的概念連結，不管是哪種策略都很適合。

Chapter 4. 把學習當成次要目標

- 有個萬無一失的方法可以增進學習，就是表現得你根本不覺得自己是在學習。當你把學習變成次要目標時，學得更快、更容易的方式，就是把技能和理解的增加當成是一個副作用，是你在做其他讓你禁不住投入到忘我的事情時，所產生的副作用。

- 當我們有更深入、更廣泛的渴望，想要理解自己正在學習的事物時，就更有可能實現我們的特定目標。理解有六個層面，它們全都不只是表面學習而已。

- 能夠讓我們產生動力的，有**說明**（XYZ會發生的原因是什

麼？）、**詮釋**（這些資料能夠如何從X的形式轉變為Y形
式？）、**應用**（我實際上可以用這些知識做什麼？）**觀點**（我
還能從哪些其他方面看？）、**同理心**（另外那個人是怎麼看
的？）和**自我認知**（我是誰？）。

- 如果我們可以利用自己最強大的動機，來理解眼前的相關內
  容，就更能夠為我們的研究找到動力、熱忱與理解。

- 以問題為導向的學習，關注的是知識在真實世界的應用。這讓
  我們投入了問題與解答、以及因與果的實用世界。我們會因為
  想繼續掌握並且熟習我們的技能，而變得全神貫注。

- 遊戲化是一種讓學習變得有趣，而且幾乎像是附屬品的方式。
  遊戲化在一個非遊戲的情境中，運用了遊戲的原理。當遊戲規
  則很明確時，它的效果最好，其中會有一步一步的明顯線性進
  度，獎勵也是即時且與付出成正比的。遊戲化非常適合補充被
  耗盡的動力，也可以讓每天的學習更好玩、更有樂趣。然而，
  它還是無法完全取代更深層的動機或目的。

Chapter 5. 透過教學來學習

- 站在教師的角度解決學習的問題，可以讓你的理解變得豐富，
  也使你更能牢牢掌握自己想要學得更好的東西。在學習金字塔
  中，最主動、最親力親為和最專注在教學上的活動，最終都是

最有效率的。

- 門徒效應解釋了為什麼會教其他人的學生,表現得一定會比沒有教其他人的學生來得好。這是因為他們的學習是更有條理的循序漸進,能夠更徹底地將自我從失敗和實驗中抽離,並且在主動學習上承擔了更多責任。

- 理想的意見回饋是學習過程中一個很基本的部分,學習如何提供並接納好的意見,也是提高對任何題材的掌握度的一部分。

- 理想的意見回饋是明確的,要盡可能即時提出,也和具體的目標有所連結。你在提供意見時必須明智且得體;你要知道,人們在感受到支持與讚賞的時候,他們才能夠學得更好。根據你學生的個性、學習風格和精通程度,來為他量身打造你的意見回饋。

- 深層訊息處理的重點在於不只是在表層處理資訊,如此一來,我們就能夠仔細了解它的意義和重要性。

- 後設認知基本上由兩種模式所組成:思考,以及對你自己的思考進行思考(或是調整)。當學習在這兩種模式之間切換時,它的效果最好。

- 我們可以藉由運用自我提問來激發後設認知,在學習過程的前、中、後提出問題,來形塑、引導並豐富我們的理解。

- PQ4R學習法是一種將後設認知帶入你的閱讀的方式,由以下步

驟組成：*預習、提問、閱讀、思考、背誦和複習*。當我們在一段文字或訊息上，有條有理地遵循其中的每一個步驟時，我們所涉入的就不只是淺薄的表面而已，而是透過定期提出關於我們自己、學習素材，以及我們如何與之互動的問題，來深入地處理資訊。

Chapter 6. 學習中會犯的錯誤

- 正如同我們會養成更好的習慣，來讓學習更有效率一樣；我們也可以努力改掉削弱學習成果的壞習慣。

- 其中一個壞習慣是「懶散地閱讀」，或是任何我們沒有主動參與內容的閱讀。學習*如何*閱讀，跟學習要閱讀*什麼*一樣重要。

- 我們的態度和觀點，在我們學得好不好、以及在面對挑戰和逆境時，能有多強的韌性這件事上，扮演著極為重要的角色。倘若我們抱持的是定型心態，我們會認為知識與技能是與生俱來的，無法透過學習來達成；但若如果是成長心態的話，就會認為後天培養是可能的，並且可以透過努力和專注來實現。

- 要在沒有什麼科學證據可以證實這個概念的情況下，來推論你屬於某一種「學習型態」的假設，可能是個錯誤。雖然我們都有自己的偏好，但大腦是設計來接收各種形式的訊息的；當我們盡可能地利用由自己的所有感官來取得的資訊時，學習就會

進步。

- 根據「思維風格」來調整你的學習過程，是比較好的方式。每個人的風格都會落在兩條軸線上：感知特質的抽象vs.具體，以及排序能力的依照順序vs.隨機。由此會產生四種類型的人，他們各自在接觸新資訊的時候，也會有不同的偏好。

- 就像懶散地閱讀一樣，懶散地寫筆記也是被動、而不是主動的，因此無法產生持久的學習。記得使用康乃爾筆記法的「筆記」、「記憶點」和「總結」欄位，這樣你才能更密切地投入學習內容之中。

- 一個優秀的筆記策略不只包含做筆記而已，還有對筆記的校正、分析和思考，如此一來，筆記才能生動地反映出你的學習過程，而不是呆板且很快就會被遺忘的東西。

- 所有的學習都是反覆嘗試，在某個情境下對某人有用的方式，不一定在其他情境中對另一個人就有用。重點是在學習的過程中，要有意識地進行觀察、調整，並評估自己的過程，並且賦予自己可以漸進地改變的權利。

VW00045

超強記憶學習法：
用遺忘、複習的學習周期，加速理解與維持記憶

作　　者—彼得・霍林斯（Peter Hollins）
譯　　者—林幼嵐
主　　編—林潔欣
企劃主任—王綾翊
美術設計—江儀玲
排　　版—游淑萍

第五編輯部總監—梁芳春
董　事　長—趙政岷
出　版　者—時報文化出版企業股份有限公司
　　　　　　108019 臺北市和平西路 3 段 240 號 3 樓
　　　　　　發行專線—（02）2306-6842
　　　　　　讀者服務專線—0800-231-705・（02）2304-7103
　　　　　　讀者服務傳真—（02）2306-6842
　　　　　　郵撥—19344724　時報文化出版公司
　　　　　　信箱—10899 臺北華江橋郵局第 99 信箱
時報悅讀網—http://www.readingtimes.com.tw
法律顧問—理律法律事務所　陳長文律師、李念祖律師
印　　刷—勁達印刷股份有限公司
一版一刷—2022 年 12 月 30 日
一版六刷—2023 年 7 月 10 日
定　　價—新臺幣 380 元
（缺頁或破損的書，請寄回更換）

時報文化出版公司成立於一九七五年，
並於一九九九年股票上櫃公開發行，於二〇〇八年脫離中時集團非屬旺中，
以「尊重智慧與創意的文化事業」為信念。

超強記憶學習法：用遺忘、複習的學習周期,加速理解與維持
記憶／彼得・霍林斯（Peter Hollins）著 . -- 一版. -- 臺北市：
時報文化出版企業股份有限公司, 2022.12
　　面；公分. -
　　譯自：Super learning : advanced strategies for quicker
　　　　　comprehension, greater retention, and systematic expertise.
　　ISBN　978-626-353-239-7（平裝）
　　1.CST: 學習方法
521.1　　　　　　　　　　　　　　　　　　111019489

ISBN　978-626-353-239-7
Printed in Taiwan